白地山　白地湿原

田代岳　岩瀬川渓谷

四阿屋山　武甲山

要害山　フォークのような３分岐

小鹿野アルプス　お船の岩場

飯盛山

白神岳　トンネルの入り口のような登山口

亮さんの山に行ってきた

田原 亮
Tawara Ryo

文芸社

亮さんの　山に行ってきた

目次

白地山に行ってきた　2013／08／11　7

田代岳に行ってきた　2013／08／12　15

鉄五郎新道に行ってきた　2013／07／29　23

海沢《うなざわ》の大滝に行ってきた　2013／07／30　30

牛奥《うしおく》ノ《の》雁《がん》ケ《が》腹摺山《はらすりやま》に行ってきた　2013／09／14　36

釈迦ケ岳〜黒岳に行ってきた　2013／11／02　42

日向山《ひなたやま》に行ってきた　2013／11／29　49

本仁田山《ほにたやま》に行ってきた　2013／12／07　54

日金山に行ってきた　2014／01／11　59

天地山に行ってきた　2014／01／26　65

笹尾根の東側に行ってきた　2014／02／01　72
四阿屋山《あずまやさん》に行ってきた　2014／03／08　78
要害山に行ってきた　2014／04／13　86
権現山に行ってきた　2014／04／19　96
扇山〜百蔵山に行ってきた　2014／05／06　105
小鹿野アルプスに行ってきた　2014／05／10　116
滝子山《たきごやま》に行ってきた　2014／05／24　126
飯盛山《めしもりやま》に行ってきた　2014／05／31　136
白神岳に行ってきた　2014／06／28　145
笠取山に行ってきた　2014／07／08　154
あとがき　166

白地山に行ってきた

2013／08／11

前略

ありがとうございました。お陰様で念願の白地山制覇できました。

君に手紙を書くなんて思いもしなかったのですが、白地山で、亮にとっては奇跡の出来事を、一緒に目撃してくれたことに感謝し、また、蝶句のエピソードを知ってもらうことで、いかに貴重な瞬間だったたか、解ってもらいたく手紙にしました。


白地の山頂で、大きな美しい蝶アサギマダラを見つけたとき、亮の亡くなった妻・民江が蝶の句でNHK特選一席になったよと言ったら、どんな句なんだと聞くので、

『一対の蝶いつまでもどこまでも』

と教えたら君は一瞬ぽかんとしたね。あまりの普通の言葉で、俳句じゃないみたいだったからね。

そしてあの奇跡の蝶ダンスが始まりました…。

昨年3月の兼題（俳句のテーマ）は『蝶』、民江は蝶の句をたくさん作っていました。

初蝶《はっちょう》来《く》緩和ケアーの中庭に　　民江

抗がん剤治療を何サイクルも受け、それがだんだん効かなくなる、辛く長い治療の効果が2～3日しかなくなり、民江は、医師に緩和ケアに入りたいと頼みました。ベッドの空きを待ち1月初めに緩和ケア病棟に移動しました。そして、癌の治療をやめて数か月過ぎているのに、また今年も蝶々を見ることができた、まだ生きていると、驚き、喜びの句なのです。

朝の日に浅黄《あさぎ》の蝶来とどまれよ　　民江

亮は、何年も毎朝病棟で一緒に朝食を食べ、朝の連続ドラマを一緒に見てから会社に行くのを日課にしていました。

いつものように、8時の面会時間に合わせて病院の横に差し掛かると、珍しい色の蝶がいました。早速民江に知らせようとしたら、「お父さん、今とても珍しい色の蝶がいたのよ」と、「その蝶、今下で俺を迎えに来たよ」。

珍しい浅黄色の蝶々さん、もっと良く見たいから行かないで…。

そんな句の中から、「お父さんこれポストに入れて」と渡されたのは、あの一対の蝶の句。ＮＨＫ俳句は毎週全国から3～4千通の応募があると言います、佳作２００句はＮＨＫのテキストに載り、入選句9句は放送で取り上げられます。最後に特選3句が選ばれるのです。

ＮＨＫから入選の連絡がありました、日曜日の朝6時35分からの放送は、病棟と自宅で見ていましたが、放送の最後に、一席は東京都田原民江さんと名前が呼ばれました。すぐ電話が鳴った、「お父さん、今私の名前だった?」、もしかして夢かと確認の電話です。「うん、そうだったよ、おめでとう」感激で涙が止まらない、亮は女々しいのです。その日の昼は、民江の大好きなうな重でお祝いです。もちろん特上。

高野ムツオ（選者）キャベツ畑を一対の蝶が飛んでいるのをよく見かけますね。その情景を詠ったものですが、あれはオスがメスを追いかけているのですよね。蝶の成虫の生きる期間は10日くらい、その短い間に一生懸命になって生命を自分で確認し、そしてあとに継ぐ、そんな蝶の想いが感じられる句ですね。

山折哲夫（ゲスト・哲学者）　雄蝶・雌蝶、一対の蝶が広い空間をいつまでも舞い続けている。美しい華やかな永遠を表している気がする。
高野ムツオ　いつまでも、どこまでもという対句になった表現がとても効果を上げています。幸せがいつまでもずっと続く、そんな願いの句です。

こんなすごい句だったのです。

娘たちに、いま生きていることを大切に、命を繋ぎ続けることを大事にと、遺言だったのです。そして亮には、「いつまでもぼーっとしているんじゃないわよ、元気に生きてよ」との励ましの言葉になったのです。

放送のあった6週間後の5月14日に、緩和ケア病棟で亡くなりました。

5か月以上の時間をかけ、軟着陸できました。

薫風に満たされにけり茶毘の庭　亮

8月14日の月命日でもある墓参りは娘たちに頼み、自分は9日に墓参りし、11日に白地山の山頂に居たのです。そこに民江が会いに来たのです。

君と二人で大きなきれいな蝶を見た時、スーと雄蝶が下りてきて、たちまち『一対の蝶……』が始まったのです、「おー、これか」といって一緒に蝶のダンスを見上げてくれた、脩太郎だからこそ、この手紙を書きたくなったのです。

盆の山一対の蝶を見上ぐなり　　亮

ありがとうございました。

蝶の話にもう少し付き合ってください。

民江の高校山岳部の先輩で、書道家の神尾浄水《きよみ》（書名：紫楊）さんは、半年前に御主人を亡くされて、茫然としていました。

大事な書展の締切が近いのに筆を持つ気力がなくなり、このまま一生書を書くことができないかもしれないと、考え込んでしまい、気がふさぎ込んでいた時に、NHK俳句を見たそうです。

〝民江ちゃんの句〟だ、これを書けばいいんだ、と再び筆を持つ気力が出たとのことです。

民江から、大きな文字で思いっきり書くパワーをもらったと、感謝の手紙を頂きました。

何度も書き直したりしているうちに、いい加減にしなくてはと思いつつ、今度はいつ終わりにしたら良いのか分からなくなっていたそうです。

そしたら、作品の中に観音様が手を合わせているような墨痕が見えたそうです。これで終わりにできる、報告がてら見舞いに行こう、そうしたら、翌朝の訃報。

墨痕が観音様に見えたころが、民江が息を引き取ったころかも知れないと、神尾さんがあとでこの不思議を話してくれました。

自分の蝶句を、尊敬する先輩が書いてくれた書展に行くのを楽しみにしていた民江が、最後に作品をのぞきに行ったのかもしれません。

神尾さんは、NHKで放送された日から、民江が亡くなった日まで、6週間も蝶の句と格闘してくださっていたのです。

プロ・アマを問わず、書をたしなむ人が目指す日本一の毎日書道展、そこに作品を見に行きました。畳一枚より大きな迫力の蝶の句、観音様の墨痕もしっかりと見届けました。神尾さんは書人のサークルでも共同代表をしているほどの実力者。神尾さんがはがきに書いてくれた一対蝶の書、コピーですが送ります。白地山登頂記念に持っていてください。

白地山の翌日12日は田代岳へ、13日は来年の下見にと藤里駒ヶ岳に向かったのですが

《経験したことのない大雨》の水害で道路閉鎖、急遽森吉山に登りました。

14日は実家で朝の墓参りを済ませたあと、八幡平山頂直下の籐七温泉の露天風呂で、ゆっくりまったりと今回の疲れを取り帰ってきました。

民江の願い、元気に生きるため、いっぱい山に登ろうと考えています。

草々

中村脩太郎様

追伸：来年6月末の白神岳へ同行の約束とても楽しみです。
本手紙に返信不要に願います。

蝶の句

白地山頂

田代岳に行ってきた

２０１３／08／12

南会津にある田代山は花の山として良く知られているが、秋田の白神山地の東端、青森県との県境近くに位置する田代岳（１１７８ｍ）に行ってきた。

28歳からの10年間、鹿角に住んでいたころは、日々の暮らしに追われて、山歩きなど無縁の生活をしていた。中学生の時から山歩きをしていた妻は、口には出さないがずっと我慢をしていたに違いない。その妻が友達に誘われ、10年間の田舎暮らしで唯一登った山が、十和田湖の外輪山の一つ、白地山（１０４３ｍ）だった。その山頂の湿地帯で目にしたお花畑の感動をいつまでも話していた。お父さん、今度一緒に行こうよと。

その後上京し、ぽつぽつと山に行くようになり、いつかは白地湿原のキンコウカの群生を見たいものだと思っていた。妻との約束を果たすことはできなかったが、47年ぶりに参加した同級会の弾みで白地山に登ることになり、昨日ついに夢の平に立つことができた。キンコウカを見ることはできなかったが、とても感動の山行になった。

白地山について調べていると、同じ秋田の北方で、田代湿原の記載をよく目にする。山行目的の車で帰省した時には登ろうと、永い間引き出しに仕舞って置いた田代岳なのである。

実家を朝6時前に出発した。途中のコンビニで2食分のおむすびを買い、ハンドル片手に1食分をペットボトルのお茶で流し込みながら、国道103号を西に行く。大舘の先で国道7号線へ合流して間もなく、田代大橋東で右折し北へ向かう。ここから荒沢登山口までは27㎞ある。

山瀬ダムのダムサイトに上り、ダム湖の五色湖に架かる橋を渡り、突き当りを左折、五色ロッジの前を通過する。国道7号線の分岐と登山口の丁度中間だ。

川沿いの道をしばらく進むと、車道は岩瀬川を渡る。橋の上から見える「岩瀬川渓谷」は、川底の岩盤を幅いっぱいにナメて流れている、見事な景観だ（「口絵」）。

糸滝の駐車場を左に見て、さらに先の分岐を左に曲がり、大川目川沿いの道を行くと五色滝の入口があったが、滝見は帰りにしよう。

ロケット燃料試験場の分岐を右に分けると間もなく荒沢登山口の駐車場（640ｍ）に着いた。20台以上は停められ、トイレもあるここは今日は俺の専用駐車場になるのだろうか。

駐車場の先で、橋を渡ったところから左の登山道に入ると、「一合目」という標識がブナの幹に縛り付けられている。ブナの林の中を5分ほど進み、最近架け替えられた、丈夫な鉄パイプフレームの橋で沢を渡る。

水飲み場を過ぎ、「2合目」の先で斜面に向かう林内コースを左に分け、まっすぐに沢コースに向かう。はじめは沢の際を通るが、すぐにナメ床を歩く。水はくるぶしまでは来ないが滑りそうだ。水と一体になっている感覚で歩くのは気分が良い。沢コースを来てよかった。ナメ床が終わり、沢から一旦上るが、再び沢に降り、登山道と一体になっている沢を遡る。

右側の少し高い所を行くと、先で沢が合

ナメ沢を歩く

流している二俣が見える。明るい土手に赤いテープも見えている。赤テープに導かれて沢を渡って樹林の中を歩いて行くと、道は東に向かっている。しかも緩やかに下りになった。地形図では西に向かうはずだ。

二俣の沢を越えたところまで引き返し見回すと、対岸の林中に赤いマークが見えた。登山道を少し引き返すと、斜面を登っていく分岐があり、一段上ったところに案内もあった。さっきは分岐の直前で、登山道正面に見える赤テープに目がいって、すぐ横の右の斜面に取りつく登りを見過ごしたのだ。二俣の先は林内コースで、赤テープは林内コースの登って来たときに沢を渡る目印だった。

俺は遠目が利く、今でも視力1.5だ。しかし思い込みが激しい。まさに俺らしい道間違いだった。

ブナ林を緩やかに登って行く。分岐から10分ほどで、3合目の標識の前に着いた。「ブナ岱」の表示もある。ここで道は南に折れる。

ブナ岱から15分ほどで小沢があるところが4合目（850m）だ。ここには左から大広手コースが合流している。さらにブナの巨木を眺めながら、10分ほど登るとちいさな鳥居が建っている5合目（885m）に。ここには右から上荒沢コースが合流している。

山毛欅《ぶな》原を渡る風あり盆一人　　亮

6合目から少し等高線の間が狭くなり、8合目を過ぎると樹林はまばらで、笹藪も現れる。高層湿原入口と書かれている9合目の先で樹林から抜け出すと、明るい湿原（1110m）が広がっていた。

木道が続く湿原の右に田代岳がモッコリと見えている。すぐに木道がY字路になっていて、そこには「山の神（田代山）」と書かれた標識があった。大小の池塘を覗きながら、湿原の中の木道を行く。ワタスゲやキンコウカが咲く花の時期は終わっている。

麓の集落では、半夏生に（7月2日）ここに登り、池のミツガシワを稲に見立て、その年の稲作の豊凶を占うのだとか。「神の田（水量見）」という白い板がある池塘が、木道の終点で、田代岳山頂まで400mと書かれていた。

ここから笹の間の急斜面を登ると、一等三角点と、田代山神社のある田代岳（1178m）に着いた。

今日は朝から誰にも会っていない。盆の田代岳を全山貸切りの登山だ。

田代岳山頂

池塘を斑に散らしている高層湿原が足元に広がる。西に白神の山並みが続き、北の秀峰は岩木山だ。南側は森吉山の中腹までは見えているが、雲で遠くまでの見通しはない。

山名は田代岳だが、神社は田代山大神とある。

神社の階段に腰をかけて、おむすびとカップ麺の昼食にする。さらにコーヒーを淹れながら、昨日の白地山同行の旧友へお礼のメールを出した。ロケット燃料試験場があるからだろう、この山奥でもアンテナが3本立っている。

昼寝をし、一時間半ほど山頂でゆったり俺だけの時間を過ごした。

田代湿原への折口から、湿原の木道の分

岐に2人が休んでいるのが見える。

降りてゆくと、「岩手ナンバーの方ですか?」と声を掛けてくれた。今回は山登りが目的、盛岡からレンタカーで帰省した。「そうです。ここはとても良いところですね」と若いカップルに返す。「ありがとうございます」地元の山を誇りに思っている若い人の気持ちを感じるのは、とてもうれしい。

高層湿原に別れを告げ、先ほど迷った二俣で沢を渡り、緩い林間コースを降りる。途中急なポイントもあるが、沢道とはまた違う雰囲気で歩きやすいブナ林内コースだ。沢コースとの合流地点に新しい手袋が落ちている。木道で会った「秋田おばこ」の落し物だ。少し降りた水飲み場のところで、登山道の上に張り出している木の枝に、道の真ん中の目の高さにぶら下げた。これなら絶対に気づく、今日は風もないし…と、「おばこ」への白い包帯50㎝ほどのプレゼントに自己満足しながら下りる。

秋田ナンバーのバンが1台増えている駐車場に戻った。

帰路、五色の滝に寄った。階段を下ると東屋があり、そこからも滝を眺めることができるが、立派な鉄の階段が下に続いている。白神山地の奥から流れてきた大量の水は、ここで20ｍほど垂直に落ちる。上の流れと下の流れは45度ねじれている。上の川底は斜めにスッパリと切れて、滝は幅が広くなった川底いっぱいに落ちている。階段から見下ろす滝は3日前、北秋を襲った《経験したことのない大雨》のために水量が多く、その怒涛の大滝に圧倒される。

トイレと東屋がある糸滝の駐車場に車をいれた。滝は川の対岸の大きな垂直に近い一枚岩を白く滑り落ちている。駐車場から一枚岩の上流は見えない、下も木に隠れて見えないが落差30mはある。これも大水のせいだろうが、糸というより大きな襖に垂らした白帯のように見えている。

大出水四日三晩も大滝《たき》の吠え　　亮

鉄五郎新道に行ってきた

２０１３／07／29

奥多摩御岳山（９２９ｍ）の、レンゲショウマ（蓮華升麻）の群生地としては、日本一といわれている富士嶺園地へ行って来た。

今日は、ＪＲ青梅線の古里駅から、地図に道が載っていない「鉄五郎新道」を歩く。

俺の中で鉄五郎といえば、やはり水島新司の『野球狂の詩』の老投手・岩田鉄五郎だな。

ここの鉄五郎さんは、奥多摩の岩場の上に、金毘羅神社を自力で建立し、道も自分で作ったという。そこの下の岩場は、越沢バットレスというクライマーの絶好の練習場になっている。

仲間が登るのは翌々週。その日俺は田舎へ帰るので参加できないので一人で登る。

どうせ山を歩くなら、情報が少ないこの登山道の下見レポートをしたいと考えている。

単独行は嫌いではないが、家族が心配する。妻を亡くして、今は次女夫婦と一緒に住んでいる。あまり心配を掛けないようにとは思うが、ゴロゴロ過ごすことはできない性分だ。

ゴメンまた一人で山へ行ってくる。

古里駅から青梅街道に出るとコンビニがあった。だいじな下見の情報だ。「いろはす」を買って、国道を右に奥多摩方面に進んだ。消防小屋のところで国道と別れ、左側の道を降りてゆく。今日は消防団員が集まって、小屋の掃除とポンプ車の手入れをしていた。

棚沢集落の中を進み、左に折れ多摩川にかかっている棚沢橋を渡る。登り返しの車道を、道なりに進み、坂の上の建築業の所で右に曲がる。寸庭集落の2カ所の分岐は左の道を、その先の十字路も左に曲がると、すぐ右側に登山道の案内板があった。

雑木林の中から流れてくる寸庭川を、雰囲気の良い小さな橋で渡り、左斜面の杉林の中をほぼ等高線なりに進む。右下にちらちら見えている川が、越沢だ。

朝から誰も歩いていない道を歩くと、クモの糸がうっとうしい。杉の小枝で払いながら進むと小さなせせらぎがある。小沢をまたぎ、急な斜面をジグザク登ると、平坦な道になる。遠くから何度か叫び声が聞こえてくる。岩登りのグループがいるのだろう。

鳥居が見える。近づくと小川が流れていて、鳥居の左右の小屋と休憩舎は潰れかけている。鳥居をくぐって岩尾根に出ると、小さな石の祠があった。御岳山方面へは尾根を左に進むのだが、右への「滝見台」の案内板があるので向かってみた。

2分くらいで、小さなお社がある岩稜の上に立った。鉄五郎さんが建てた金毘羅神社だ。

鳥居

先ほどの潰れかけている休憩舎は、鉄五郎さんの茶店の後なのだろうか。

ここにも石の祠があった。越沢バットレスの岩場を登り終えたクライマーが、石の祠と一緒に映っているネット写真を思い出した。どちらかの祠なのだろう。

北側も西側も木で下はよく見えないが、断崖絶壁だ。

滝見台と書いてあったので来たのだが、滝は見つからない。鳥居の前を流れていた小川がこの近くで落ちているのだと思うが、地形がら岩登りの技術・装備でなければ近づけないのかもしれない。

無理はしない、無理はしないと、鳥居の分岐に戻り「いろはす」を飲んだ。

大塚山に向かい２００ｍほど進むと、等

高線の間隔が詰ってくる。初めは直登の急登、そしてジグザグで急登、これでもかとさらに急登。１０００mの距離で４００m登る。途中、道をふさぐような倒木のあるところが急登の中間くらいで、焚火跡のある小広場（７４０m）が唯一の平らな場所だった。急坂の横に、イワウチワの保護の目印が何ヶ所かあった。4月に来たら薄紅色の花が見られるのか。

地形図に載っている８４８mポイントが、静かな広沢山だ。杉の木に広沢山の案内板が縛ってある。しんどかった、来月訪れる仲間もヒーヒーと言いながら登るのだ。

広沢山からは緩やかな尾根道を進むと、15分ほどで電波塔に着いた。電波塔建屋の右側、フェンス横の急登を5分ほど登ると、木に囲まれた大塚山の広場（９２０m）に到着した。

見晴しはないが、木のテーブルが3基、他に木のベンチが何カ所かあり、少し下に屋根のある休憩舎も見えている。みんなで昼食を取るには絶好の場所だ。

小学低学年の男の子が、広場の奥からポンと現れた。虫取りアミを持っている。棚沢集落で消防団員を見かけてから、山で会う初めての人間だ。すぐに若いご両親も虫かごを持って追いかけてきた。御岳山ケーブルカーから降りてきたのだ。

日陰のベンチを選び、むすびを食べる。「いろはす」を沸かし一人分のコーヒーを淹れた。

レンゲショウマの下見に向かう。

大塚山から緩やかに7〜8分降りて、テーブルのある円塚山園地（850m）に着くと、3人組の女性のパーティーが昼食を食べていた。挨拶を交わし、富士嶺園地へ正面の階段を上る。

レンゲショウマが咲く時期は、たくさんの人で溢れている場所だが、今日は人がいない。園地の中の神社に登ると4〜5人のご年配のグループが休んでいた。祭りの前の静かさだ。レンゲショウマの蕾はまだ固い。

北側のケーブルカー山頂駅から続く道に降り、円塚山園地に戻る直前で、緑のガクを脱ぎすてている蕾を目にすることができた。うす暗い林の中で、1つだけポーッと浮かび上っている瑠璃色の小さな提灯は、とても神秘的でセクシーだ…。蓮華升麻…。

多摩川に降りる帰り道は、円塚山園地から右側の広い道路を進む。左の斜面上に墓石が並んでいる所を過ぎる。分岐から10分ほどで電波塔への広い作業道は左に大きくキックバックしているが、そこはまっすぐ北進し、林の中へ入ってゆく。

なだらかな尾根を30分ほど下ると、さらに傾斜が緩み、杉林の中に平坦な場所（670

ｍ）があった。

杉の間伐材をベンチ代わりに座り、残っている「いろはす」を飲み干した。

そこからの大塚山北尾根登山道は、尾根を離れて右側の東側斜面へと降りてゆく。植林の暗い杉林の中を30分ほど降りると、いきなり林の中から明るい場所に出た。寺の横（３００ｍ）、トイレと水道がある休憩舎の建つ登山口だ。

垂れ流しのバケツの冷たい水で顔をザブザブと洗ってから、まっすぐ突き当たる車道を左に進むと、道路の左に『丹三郎』がある。仲間はここでそばを食べる予定になっている。大きな門の間から、茅葺の古民家を覗き、多摩川右岸の道を直進する。万世橋で多摩川を渡り、朝に立ち寄った駅前のコンビニで「いろはす」の空ボトルをひねり捨て、ビールを買った。

俺には蕎麦よりも、ホームで缶ビールがお似合いだ。

石祠

海沢《うなざわ》の大滝に行ってきた

２０１３／07／30

来月中旬に、後立山連峰の五竜岳から鹿島槍岳を歩く。先月は亡母の7回忌で田舎にも帰り、忙しくて山に行ってない。トレーニングにと、前日の鉄五郎新道に続き、２日連続で奥多摩の山に登ることにした。

今年は記録的な猛暑だ。とにかく暑い。海沢の大滝の滝つぼで涼みたいと、大岳山の海沢に行ってきた。海沢コースを歩くのは2回目だ。仲間と登った前回は、奥多摩駅前のジャンボタクシーで海沢林道の奥まで入ったが、今日は単独行。そして奥多摩駅前のタクシーは、今年からは営業を取りやめてしまっている。御岳山ケーブルカーを利用するルートで向かうことにした。

ＪＲ御嶽駅前からバスとケーブルカーを乗り継ぎ、何年振りかの御嶽神社に手を合わせた。顔を合わせたことはないが、甥の嫁はここの神社の神官の娘だ。

御嶽山の参道の階段の横から南に下り、大岳山方向に向かった。

前を歩いていた、最初の分岐をロックガーデン方面に降りて行った若者も、次の分岐で地図を見ながら奥ノ院方面に登って行った若者も、30代前半男子の単独山行だ。近頃結婚しない若者が多い。家族を持ってほしい、女房子供と遊んでほしいと思う。66歳の単独行の爺が切に願う。

大岳山への最短コースを進む。綾広の滝の少し先の尾根で、5人の家族づれを追い抜いた。同年輩の山男がリーダー、孫たちを一生懸命サポートしている、父親が最後尾を歩いている。先ほどの若者2名のことを思ってしまう。

大岳山（1267m）の山頂にはすでに10人ほどの登山者がいた。そこに、ケーブルカーで一緒だった10人ほどのトレイルランニングのグループが、息激しく、続々と現れる。歩いて来た自分より遅れて着いたのは、奥ノ院、鍋割山と走ってきたのだろう。

人が溢れた山頂で腰掛の岩を確保し、富士を見ながらカップラーメンとむすびを食べた。

西へ鋸山への尾根コースを200mほど進むと、右に海沢コースへの下り口（1220m）がある。

丁度道標が一本あるが、鋸山と大岳山の縦走路を示すもので、海沢への案内ではない。初めてだと下り口が分からないだろう。10分くらい背の低い林の中を進み、杉林の中に入ると、いきなり急坂になる。道が崩落している場所もある。前回は尺八師範の松ちゃんが、皆に食べさせようと冷やしたメロンを背負い、エネルギー切れして、頂上直下で動けなくなってしまった急登を、今日は急降下する。

20分ほどで沢に降りた。子沢を対岸に渡り、最近は手が入っていないワサビ田や、作業用モノレールを横目に、海沢右岸の登山道を降りて行く。海沢を渡ると、今度は沢を高く巻いた道になる。

子沢を渡ったところから30分ほどで、大滝への道標がある森の中の小広場（６８０ｍ）に着いた。テントが一張りあり、若い男女がテントの前でラーメンを食べていた。一声かけて滝つぼに向かった。

樹林の底に丸い滝つぼが見えてくると、一気に気温が下がる。滝つぼに降り立った、涼しい！　この空間で一番涼しいポイントを俺は知っている。降下点から少し右側で、滝口の真正面にある水際の岩に腰かけて、滝つぼの水でコーヒーを淹れた。

滝口で空中に放り出された海沢の水は、岩に落ち、砕けてしぶきを散らしてから、垂直な岩を白く滑り落ちる。傾斜が変わり、岩にぶつかりまた飛沫《しぶ》く、少し右にねじれて滑りながら白く広がり、水面に躍る…

大滝

滝口の放水に巻き込まれて生まれた風は、しぶきに気化熱をうばわれ、さらに冷やかに俺の頭の上に降り続いている。

たった今、東京で一番涼しくて気持ちの良いここに、いつまでも留まっていたい…。

ネジレの滝

広場に戻ると、テントを撤収して若いペアは消えていた。「ネジレの滝」に向かった。

キャーキャーと奥から声がする。この滝は下流からは見えない。下段の滝つぼの所まで進むと奥に上段の滝も見える。上の滝は斜め右から、下の滝は斜め左からと90度ほどねじれて落ちている。

5人組の若者が滝遊びに興じていた。下段の滝横の岩を登り、上段の滝つぼに飛び込む。上の滝つぼから下の滝つぼに滝すべり、岩の上から滝つぼにジャンプと、楽しそうだ。

登山道に戻り、「三ツ釜の滝」の横を鉄の階段で降り、休憩舎のある海沢園地（5 5 0 m）に着いた。

大滝の分岐から寄り道しながらの40分

だ。

ＪＲ奥多摩駅まで６㎞、舗装の海沢林道を歩く。

前回タクシーを使って来た道を、今日は１時間半歩くことになる。

海沢谷対岸の三段滝を眺め、隧道を抜けた「アメリカキャンプ村」の所でようやく半分くらいか。日陰の沢沿いの道なので、暑くないのが救いだ。

消防ポンプ小屋の前の分岐に白丸駅方面への矢印があったが、快速に乗りたいのでまっすぐに奥多摩駅方面に向かった。

発電所の前を過ぎ、突き当りを左折して多摩川右岸の広い車道を進むと、今度は暑い。

「もえぎの湯」へ渡る長くて高い吊橋の横から、多摩川の河川敷バーベキュー場に降りた。

多摩川本流の水で顔を洗い、川原で一休みしてから、再び車道に戻り、奥多摩駅に向かった。「ホリデー快速奥多摩号」が停まっている。

駅前で買った缶ビールを、今日は、動き出した電車のシートで飲んだ。

牛奥《うしおく》ノ《の》雁《がん》ケ《が》腹摺山《はらすりやま》に行ってきた

2013／09／14

大菩薩の南部の小金沢連峰にある「牛奥ノ雁ケ腹摺山」へは、大月駅からレンタカー2台と前田氏の自家用車で向かった。

前田さんは東大出身の家具職人で、オーダー家具を作っている。前日から八ヶ岳山麓にある自分の別荘に泊まってくれていたのだ。感謝。

当初は湯ノ沢峠をベースにとか、他の候補も検討したが、最終的には、小屋平と日川林道に分散駐車して周遊コースを取ることにした。

あまり自分の意見を言わない美奈子さんが、小金沢山へのルートはずっと憧れていた所だと言う。それは良かった。

美奈子さんは、亡き妻と北アルプスの鹿島槍で一緒になって意気投合し、今では俺たちのグループとも歩くようになっている。次女も連れて夫婦で屋久島に行った時にも一緒に歩いた。

日川林道のゴール地点（1600ｍ）に車を2台置いてから、小屋平バス停（1575

狼平

m）の正面に見える登山道に入り、石丸峠に向かった。

10分ほどでダートの林道（1710m）に出た。直進は崩壊で、「通行禁止、250m右へ」の表示があったが、実際は50mほどの所に、新しい登山道の登り口があった。

岩苔の道をひと登りすると、大菩薩山塊の特徴である明るい笹原に出た。

前方に石丸峠、振り返れば大菩薩湖が下の方に見えている。

草原の石丸峠（1910m）で一本休憩を取る。ここはもっぱら登山道の要所というところか。熊沢山方面や、小金沢山・牛の寝通り方面からきた数組のパーティーとあいさつを交わす。

南に進むとすぐに明るい草原のなか「牛の寝通り」への道を左に分ける。雑木林の天狗棚山（１９５７ｍ）のゆるやかな小ピークを越え、再び笹原になる、狼平（１８７０ｍ）だ。

歩いている登山道の少し上、笹原の真ん中にある木の根元に案内板が見える。小金沢山方面から降りてきた単独登山者が、まっすぐ木に向かって案内板を見ている。狼平の文字を確認しているのだろう。

苔むしたうす暗い林を過ぎると倒木の間から本日の最高点、小金沢山の山頂に出た。来年の年と同じ「２０１４ｍ」のピークだ。

それにしても今日は富士山が見えない。眼下に人造湖の大菩薩湖が青い水を満々と蓄えている。上日川ダムを作っているころは、ダンプカーや作業車の往来で相当に騒騒しかったことだろうが、今はすっかり自然に溶け込んでいる。

大菩薩湖は揚水発電所の上池で、深夜の余剰電力で下池から水をくみ上げ、昼のピーク時に発電利用するとの説明を、女性陣はどこまで理解したのかは判らない。

揚水発電所の上池を目にするのは、那須・南月山での「沼原湖」、南佐久・御座山での「南相木ダム」に続く3ケ所目だ。

小金沢山

　雁ケ腹山に進むと小ピークに「雨ノ沢ノ頭《かしら》」（1985m）の表示板がある。林道の駐車場所の直前にあった沢が雨ノ沢だ。水量が多いと道路を超えて流れ、洗い越しの状態になるそうだ。沢の源頭には頭《かしら》があるのだ。

「牛奥《うしおく》ノ《の》雁《がん》ケ《が》腹摺《はらすり》」（1985m）に着いた。日本で一番長い名前の山だという。雁ケ腹摺山はこれで3座踏破となるが、富士山が見えないのは初めてだ…残念。

　昼にする。富岳不見否良天気。


　地形図に載っていない道を降りる。20mほど降りた木の幹に、日川林道方面の案内板があった。比較的踏み跡もしっかりしていて、要所には赤いテープもあり迷うことはない。40分ほどで林の中から車の横にポンと飛び出た（１６００ｍ）。

１５００ccのトヨタのシエンタは、大人７人乗せての山道を重い重いと言っている。男だろ、我慢しろ３㎞くらい。出発点の小屋平バス停に戻った。

車３台に分散し「やまと天目山温泉」に向かった。

洗い場が少なく大混雑の温泉を早々に引き揚げ、大月駅前のトヨタレンタカーに戻った。

福島第一原子力発電所の事故から、日本中の原子力発電所が停止し、再開の目途も立ってない今、効率の悪い揚水発電所の運用システムも、見直す必要があると思う。

負荷変動に対応できない原子力発電所が停止しているなら、揚水発電所も動かせない。

揚水ポンプは夜間の余剰電力を消費する言わば原子力で作った電気の吐き場所の役割を持っている。そして、夜間揚水ポンプで消費した70％しか日中に電力を回収できない。

原子力発電所の夜間余剰電力を有効に利用するのに、揚水発電所はベストマッチな組み合わせと、原子力発電所や、火力発電所を作るよりはるかに高い建設費をかけて、美しい渓谷や、山里を水没させてきた。ここ日川にも美しい渓谷があったが、ダム湖の下に消えてしまった。

そして、建設コストや割高な発電コストの、電力単価を消費者に負担させている。

エネルギーを消費する役割に、貴重な化石燃料を使用することは絶対にしてはいけない。

火力発電所と揚水発電所とを組み合わせた運用は、ワーストマッチになる。

原子力だけではない、電力族が進めてきたこの国の電力行政は、とても胡散臭い。

ぼそぼそと小さな声ですが、66歳がとても憤りを感じている。

大菩薩湖

釈迦ケ岳〜黒岳に行ってきた

２０１３／11／02

大月駅前トヨタレンタカーに集合し、車２台で出発した。

今回は釈迦ケ岳登山口と、新道峠直下の水ケ沢林道終点に分散駐車する計画だ。

レンタカー車載ナビの地図が更新していないので、県道７１９号の新しい若彦トンネルが載っていないために２度間違えそうになったが、どうにか水ケ沢林道から釈迦ケ岳登山口へ向かう道路の分岐地点に到着した。


地形図に点線で載っている、新道峠から林道のこの先に降りてくる登山道が歩けるなら、新道峠の下に車を配車するのは止めて、周遊コースで歩きたいと、原リーダーが提案した。

メンバーが靴の紐を締め直している間に、車で登山道を確認しに進んでみた。

地形図の点線あたりで、登山道らしいのが沢から合流して来ていたので、周遊コースを取ることにした。

この判断が後で冷や汗をかくことになるのだが…。

釈迦ケ岳山頂と黒岳

車2台を分岐付近（1135m）に停め、釈迦ケ岳登山口に向かった。

分岐から広葉樹の中の舗装道を歩く。今年は、残念ながらきれいな紅葉を観ていない。

舗装道終点の釈迦ケ岳登山口（1290m）の駐車場から30分登ると、尾根上の十字路分岐がある稜線（1484m）に出た。

右折して岩尾根を急登すると、稜線の分岐から30分で見晴らしの良い釈迦ケ岳（1641m）の山頂に到着した。そこには夫婦のお地蔵さんが、微笑んで座っていた。

中央道で東京に向かうと、甲府を過ぎた辺りで正面に見える少し右に傾いた尖山がこの山だ。山頂からはこれから進む黒岳〜スズラン峠〜新道峠の稜線が確認できる。

南側の黒岳の山頂部は牛の背のようにゆ

ったりとしている。その後ろの富士山は見えない。西側の十二ケ岳方面は良く見える、端正な尖がり山は節刀ガ岳だろう。

早めの昼食を済ませて、ドンベエ峠に向かう。

途中の屛風岩近辺で見る黒岳はずいぶん高く、山頂にガスが出てきている。

気持ちの良い広葉樹の中を通り、見晴らしのない府駒山（１５６２ｍ）を越え、車道に出た。

ここが山の案内ではドンベエ峠（１４５０ｍ）、地図には日向坂峠と記載されている。ただし、どちらの道標も見つからない。

車道の向かい側の尾根に進むと、広葉樹の色づきが鮮やかで、落ち葉を敷き詰めた山道がきれいだ。今年一番の紅葉の中を歩く。久しぶりに参加した森ヒロに先頭を譲った。

森ヒロは、大手スーパーが上海に一号店を出したとき派遣されたスタッフ。見かけと違い、なかなかの強者で日本酒の飲み手でもある。

嬉しそうに前を行く。人の後ろを見て歩くよりずっと気持ちが良いはずだ。太極拳を楽しんでいるのでスマートだ、おしゃれな後ろ姿はまるで山ガールだ。氷室兄ぃも前に出て二人でどんどん先に進む。

尾根で道が右に折れ、間もなく傾斜が緩くなるが、なかなか頂上に着かない。先を歩いていた森ヒロから「着いたよ」と声がしたが、違ったらしい。立派過ぎる注意書きの案内板が見えて、つい声を出してしまったのだった。山頂の道標はもう少し先にあった。向かいの釈迦ケ岳から見た、黒岳の牛の背の長い稜線を思い出す。

黒岳山頂広場（1793m）は、ガスで全く展望がないので先に進む。

スズラン峠（1630m）を越えると左に河口湖が見えるが、その背後にそびえているはずの、世界文化遺産の山はまったく見えない。破風山（1670m）でも富士山は見えない。

富士山に向けたライブカメラがあった。ソーラーシステムとアンテナを持っている。絶景ポイントなのだろうと思うと残念だ。

新道峠（1575m）に着き、右側の斜面を降りてゆくと、水ケ沢林道終点の駐車場（1540m）に着いた。

登山道の降り口を探すが、見つからない。いやこんなに下がるはずがないと、行きつ戻りつ、降下ポイントを探す。

登山道が見つからない場合は、車のあるところまで水ケ沢林道を1時間半は歩く羽目になる、と後悔し始めたが、駐車場の直下の林の奥に赤いテープが一つ見えた。そこまで降りてみると、その先にも赤テープが見える。地形図に載っている点線と同じ尾根上にあるマークだ。方角も釈迦ケ岳山頂にまっすぐの道、迷う心配はない。

　問題は、女性陣がバリエーションルートを怖がらず歩いてくれるかだが、地形図を見ると急斜面は最初だけ。あとは比較的緩やかな尾根筋を下ることを確認し、皆を呼んだ。

　道産子の氷室兄ぃが張り切って進んだり戻ったり、斥候役を楽しんでいる。原リーダーは、女性陣に声かけながら降りてくる。自分も地図読みを楽しんでいる。

　地形図だと、１３７０ｍ地点から左側の沢に降りる、それらしき地点もあるのだが、はっきりした道筋があるわけでもないので、釈迦ケ岳と正面に向き合って緩やかに下る

世界に一つしかない橋

尾根を、そのまま直進する。

心配は渡河地点だ、地形図の登山道のあるところなら何とか渡れるはず、道が不明でそのポイントに着けなかった場合は女性陣をおんぶで渡るか、それも楽しいなと考えながら下る。川原に降りる直前で、登山道が明瞭になり、地形図の渡河地点（１２２０ｍ）にたどり着いた。


水ケ沢は歩いて渡るには水量が多い。川幅は女性が飛び越えるのは無理、適当な飛び石もない。長めの流木や木の枝を集めて、急ごしらえで橋を渡した。

頼りない橋を、恐る恐るへっぴり腰で全員渡り終えた。思いがけない体験に、澤ヒロのテンションが一段と上がっている。

澤ヒロが一緒に歩くと賑やかで楽しい。クマよけ鈴なんかいらない。花博士でもある澤ヒロが、橋を写真に撮っている。花写真のコレクションの中に、世界に一つしかない橋がまぎれるのかもしれない。


そこからは、砂防ダムの作業道あとの幅広い道を進むと、やがて林道に合流する。この明瞭な作業道あとを見て、登山道が問題ないと早合点したのは、間違いだった。しかし、思いがけずバリエーションルート歩きが楽しめたので、結果オーライということにしても

黒岳紅葉

らおう。
　上芦川の農産物直販所で、変わり豆を何種類か土産に買い、一宮御坂ＩＣより中央道で大月に戻った。

日向山《ひなたやま》に行ってきた

２０１３／11／29

八ヶ岳山麓にある、自分が勤めている会社の別荘で、山仲間と「きりたんぽ会」を行った。

翌朝のトレッキングメンバーは、ゲストの書家神尾浄水《きよみ》さんと、平日登山が可能な、原・氷室・大坪・川端姐さんと、自分の６人。

尾白川林道を進み、登り口の矢立石駐車場へは一番乗りだった。野辺山の別荘をベースにすると、さすがに早く歩き始められる。

９：00登山口（１１２０ｍ）には、日向山ハイキングコースの案内板がある。

登り始めは広葉樹林の中を進む気分が良い落ち葉の登山道だ。先頭を書家に譲った。時間に余裕がない日常を余儀なくされていた彼女へのプレゼントだ。気持ちよさそうにどんどんと歩く。

「浄水さん、速すぎ、みんな夕べ飲み過ぎたから、もう少しゆっくりお願いしまーす」

今日は、ゆとりがあるスケジュール、急ぐことたぁない。

雁ケ原

ほどなく道はカラマツ林の中に入る。２週間前なら、針葉がキラキラと金色に降る中を歩けたはずだ。しかし、登山道を赤く縁取っているカラマツの落葉が、朝日に輝いている。

大好きなバロック音楽を聴いているくらいの、軽やかな心地よさ。

葉の落ちた木の間に、５合目まで雪化粧した富士山が見えている。炭焼き窯の穴を覗き、アメダスの雨量測定器（１６５０ｍ）のアンテナを仰ぎ、見晴らしがない日向山の三角点（１６６０ｍ）の小空間に到着した。記念写真を撮ってから先に進む。

三角点の所から後方を歩いていた書家を呼んで、雁ケ原直前で再び先頭に押し上げた。

「えー、なにこれ」と先頭で驚きの声。

そうだろ、やったぜ！　書家にこの白黒の世界をプレゼントしたかったのだから。

10：40「雁ケ原（1600m）」は、昨夜の薄雪で覆われ、さらに真っ白な世界だ。北側は、八ヶ岳が大きな裾野の広がりも全部見えている。権現岳の後ろに赤岳もわずかに覗いている。蓼科山まで見通せている。

振り返ると、甲斐駒ケ岳がはるかに高い。間が悪い山というのがあるが、自分にとって甲斐駒がまさにそれ。3回計画して3回とも直前で流れた、未踏の嶺。台風で中止、仕事のトラブルで不参加、妻のスクーター事故で登れなくなった山。駒がおいでおいでと呼んでいる。今度こそはあのてっぺんに立ちたいものだ。

日本アルプスで一番つらい登りといわれている、黒戸尾根の稜線を目でたどった。

ざれ砂に足元をすくわれそうで、しばらくはその場を動けなかったが、背後の林の中に道らしいのがあったので、皆で踏み跡を辿ったら、裸の尾根の先端に出た。

マグマが深いところで冷却されてできた花崗岩が、地表に現れて雨水に削られ、固いところがにょきにょきと塔状に残った、異様な景色が前に広がっている。

元ラガーマンの大坪さんが、裸の尾根を渡り歩いては、白い塔の天辺で写真を撮っている。

雁ケ原から甲斐駒

書家は、この白黒の世界はどう感じているのかなと思っていたら、本人が「昔ここで突き落とされた人がいたかもしれない」と、ポツリ。背筋がザワッとした。

そう来るか―…、「思ってたんとちがう」。情緒ではなく情念か…。

食い扶持減らしか、姥捨てか、はたまた無理心中か、突き落とされたらずるずると地の果てまで落ち、決して登り返せない、白ざれの谷底だ。なるほど、そんなこともあったのかもしれないと思うと、さらに谷は深くなる。

いろいろな人と接するのは、いろいろな想いを感じられる。

コーヒーを淹れた。水はふもとの「道の

駅白州」で汲んできた名水。まずいわけがない。気心が知れている山仲間と飲むコーヒー。

……至福の一時だ。

11：20帰りは登ってきた道をピストンする。何組ものパーティーとすれ違う。皆が登る頃に帰るのは優越感が味わえる。先頭の書家の足並みも軽やかで快調、あっという間に登山口に戻り着いた。矢立石駐車場はいつの間にか十数台の車で溢れていた。

雁ケ原から見えた麓の「サントリー白州工場」の中にあるレストランでランチを取った。ハンドルキーパーの俺だけは、サントリーの生ビールを飲めなかった（グゾー）。

しかし、今日はいつものおむすびとカップ麺ではない、とびっきり贅沢な登山飯が食えた。

本仁田山《ほにたやま》に行ってきた

2013／12／07

奥多摩駅から東日原行きのバスに乗り、大沢停留所で降りた。

今回の平石尾根の鉄塔は、日原線の12番。送電線の鉄塔マップで確認し、地形図に鉄塔をプロットした。地形図には載っていない、平石尾根上の鉄塔が建っているポイントの標高（670m）が明確になった。

送電線が地形図から消えてから久しいが、国土地理院は、電力会社の情報提供がなく取りやめていた送電線を、デジタル地図に載せることにしたらしい。登山者には朗報だ。

平石橋（394m）を渡って右の細道を東に進み、平石尾根の南側の斜面から尾根上の670m地点に向かう。そこからはひたすら稜線歩き、そんなルートマップを事前に作成しメンバーに配った。今日は9人、亡妻の同僚で親友だった夏代さんのご主人が、今回から仲間になるという。気さくでフットワークが軽い崎浜旦那は、とても心強い。

向寺地方面との分岐で、左に折れ斜面に向かう。途中で廃線になった多摩工業洩鉄《えいてつ》線のトンネル出口が左下に見える。自分が作ったルート図では、トンネルの上を行くので、見

六ツ石山

えないと思っていた。実際のコースは、もう少し東に進んで、南東方面から鉄塔に向かっていた。道はジグザクに切ってあるが、それでも急登、吹き出る汗は昨夜の酒のせいではない。みんな上着を脱いでいる。

　鉄塔で一本休憩をとる。北に蕎麦《そば》粒《つぶ》山が良く見えている。急な尾根が、７５４ｍで少し緩み、その先で安寺沢方面の分岐を右に分け、再び急登の平石尾根を喘ぎ喘ぎ進む。山の神の祠（８３０ｍ）から20分弱で、平石山（１０７５ｍ）に着いた。

　六ツ石山（１４７９ｍ）が真正面に見える。

　六ツ石山は25歳の時、亡き妻と最初に登った俺の山歩きデビューの山だ。１歳ぐらいの長女を背負って登った。背中でつらいらしくずいぶん泣いていたな。そのトラウマか、長女はけっして登山をしようとしない、ゴメン。

北側は天目山～蕎麦粒山～川苔山の稜線が、これから向かう本仁田山へと続いている。南側の妙指尾根は、10番鉄塔を経由する向寺地からのバリエーションルートだ。

平石山から小ピークを2つ越え、ようやく傾斜が緩くなると作業用モノレールが現れた。レールをまたぐと、すぐ左から川苔山からの道を合わせ、今日初めて山で会う登山者（女性）とすれ違い、本仁田山（1225m）の山頂に着いた。

先客の女性3人が昼食を楽しんでいる。東側の青梅方面が開けていて見晴らしが良い。

少し遅れてリーダーが、先ほどすれ違った女性を連れて登ってきた？…　山でナンパとは、さすが！　女性はガスバーナーを使いたかったが、火が点かなく、ラーメンを食べられず降り始めたが、直ぐに出会った登山者に、ライターを貸してほしいと声を掛け、一緒に登り返して来たのだった。

火借嬢を加え、昼食を取る。原リーダーと智広さんは、若い女性を間に挟んで嬉しそうだ。会話のキーが少し高めだ。大手銀行のキャリアだった原リーダーも、一流電機会社の技術部長だった智広さんも若い女性が好きなところは枯れていないね。能弁な2人と違い、話下手な俺は、美味しいコーヒーを淹れて、火借嬢の気を引くことにしよう。

みんなにもついでにと振る舞った。コーヒーの香りに満たされた山頂の広場は、寒空に時々ひらひらと小雪らしきものも見えている。


にぎやかな話し声とともに、5～6人の女性グループが南側から現れた。山頂を明け渡すことにしよう。鳩の巣駅に向かった。

すぐに大休場尾根の道を右に分けて、花折戸尾根を進む。いきなり急降下だ。

ここからは、奥多摩を自宅の庭のように歩きまわっている氷室兄ぃが先頭を行き、朋友大坪さんがそれに続く、速ッ！

2人は道産子で高校時代の同級生、50年来の仲良しだ。俺が慰みに「爺じぃ」と呼んだとき2人で一緒に振り向いた。そこまで気が合っている。

登り返してチクマ山（1040m）、さらに急降下しゴンザス尾根の分岐（1025m）を直進、植林地の中の急降下が快速度で続く。

白丸ダムの展望台岩を過ぎると、JR青梅線のレールが見えてきた。

岩転落防止のネットとワイヤーを左に見て、民家の横から表に回り、橋を渡ったら青梅線のガード下（315m）の脇に出た。

下山口の横にある蕎麦屋「鳩美」でビールを頼んだ。蕎麦が残り少ないからと恐縮して出してくれた漬物をつまみに反省会をする。数に限りの蕎麦も注文した。深めの小ザルに盛られた蕎麦は、見ためより量がある。そして歯ごたえもありとても美味しい。

電車の時間に合わせて蕎麦屋を出たが、駅への入り口を間違えたため、白丸駅に着いたのが発車間際になってしまった。さらに青梅方面は反対側ホーム、駅構内の跨線橋を渡らなければいけない。今日一番の運動をして、上りホームに入ってきた電車になんとか乗り込めた。ふぅ…。

「鳩美」のそば

日金山に行ってきた

２０１４／01／11

山の仲間の新年登山。

熱海からタクシーとケーブルカーを利用して、十国峠（日金山）からスタート、そこから湯河原へひたすら下りるコースだ。

美味しい地魚を食べるのに惹かれての参加者も多い。今日は手抜きトレッキングを勘弁してもらおう。総勢15名、永井翁も小畠ご夫妻もいる。久しぶりの顔に出会うとやはりうれしい。

ケーブルカーは、峠と往復する39人の団体と同舟でにぎやかに昇ってゆく。峠は３６０度の絶景で、富士が白雪を覆い、世界一の姿で迎えてくれていた。宝永噴火口が良く見える。順番待ちの後に、十国峠の立派な案内板を囲み、富士山をバックに集合写真を撮った。シャッターを押してくれたのは39人の団体の若いガイド嬢、よその団体の面倒まで、ありがとうございました。

富士の左奥、白峰の南アルプスが木曽との国境だ。ちょっとあやしいけど、「信州」ゲット、富士を見て「甲斐」と「駿河」、霞の先に御前崎で「遠州」、今日履き下ろしの軽いトレッキングシューズで踏んでいるここ「伊豆の国」と、こっち面では五国を見通せたことにする。

広いカヤトの道を南に進むと、すぐ源実朝の歌碑がある。永井翁が石碑の崩れ文字を読み下そうと頑張っている。「箱根路をわが越えくれば伊豆の海や沖の小島に波の寄る見ゆ」小島はあの初島のことだとか。

最初の丁仏があるところを右に入ると、薄く雪に覆われているフィールドアスレチックのある広場があった。

小さい姉妹と若いお父さんが雪だるまを作っている。下の子は俺の孫娘と同じくらいだ。枯れ芝生を着け、かすり模様に直径

十国峠

30センチほどに太り、動かなくなった雪玉を、さらにコロガそうと、足でけってみたり、と大奮闘、とても可愛い。広場にいるメンバー全員の目が優しい。

コースに戻ると、コンクリート舗装の坂道が凍結していて、みんな恐る恐る降りてゆく。日に照らされて、樹木に着いた氷がぱらぱら頭上から降ってくる道を、ゆっくりゆっくり下ってゆくと、「白金山東光寺」に着いた。

右側の見晴らしの良いところに鐘楼があり、本堂の手前左側に「おねがい地蔵堂」と案内板があるお堂もあった。その中には、高さ7センチほどの白い子地蔵が、びっしりと積まれている。間口70センチの小堂は「おねがい」が満杯で、外に溢れだしているような気がする。今、鐘を突いたのはうちのメンバーだ、誰だろう。

おねがい地蔵堂

寺のすぐ下の丁仏と道標がある分岐で、湯河原落合橋への道を右に分

け、直進する。平らな岩戸山への道は、両側に背丈の2倍ほどの箱根竹が密生して、壁ができている。その回廊に白い雪の絨毯が残っていて、とても良い雰囲気だ。

細葉の箱根竹の背が少し低くなり、葉の広い笹の密生と交互に、または混在する道は、送電線の巡視路にもなっている。

左に背が高い馬酔木の群生も何度か現れる。十年ほど前行った天城山にも昨年の達磨山にもあった、伊豆半島に特有な背高の馬酔木の森だ。

今日唯一の登りのミニアルバイトで岩戸山に着いた。山頂には木のテーブルが一基あるが、先着の女性グループが食事中だ。一眺めしてから少し下ると、日当たりの良いところに17号鉄塔があったので昼食をとる事にした。

宴会のために食べ過ぎないようにと、原リーダーから指導が入る。今日はおいしい地魚を食べさせるぞと、リーダーの意気込みが感じられる。

俺が小腹に入れたのは、おむすび一つとミニカップラーメンだが、いつものように、皆からおかず、果物、デザートと差し入れが多い。カップラーメンは余分だったかなと、俺も胃袋を2時間後の美食モードへ合わせる微調整を気にしている。

下から登山者が現れ、後ろに30名以上続くという。次々に呼吸激しく、汗びっしょりで登ってくる。それにしてもみんな大きな荷物を背負っている。今日は荷物と足元を軽くして歩いている我がチームとはずいぶんと違う。峠で鍋でも囲むのかもしれない。

鉄塔から先はすぐ急坂で、しかもぬかるんでいるところもある。先ほどのチームはこの急坂を登って来た直後だから、息も荒くなるはずだと、納得した。

急坂は18号鉄塔まで続く。傾斜が緩み、見晴らしがない林の中をしばらく歩くと、20号鉄塔の下で、車道に降りる階段の上に出た。

会社の保養所・研修所が続く車道は、全く車が通らない。広い道幅いっぱいに広がり、みんな気ままに歩いている。

突き当りのT字路を右に折れたらすぐにペンションの脇で車道と別れ、左の道に入る。赤い実を付けたアオキが、右の斜面いっぱいに茂っているところを過ぎてしばらく行くと、今日のルートで唯一迷いそうな「ウルシカ窪の給水池」の分岐がある。道なりは斜め右方面への広い道だがここは左折し、分岐から見通すと行き止まりに見える細い道に向かう。

しばらく海側が見えない道を進むと、左上にＮＴＴ電波塔が立つ小広場があり、腰掛岩もあるので休憩を取る。足下には赤い屋根の小屋があり、小屋の周りはミカン畑の斜面だ。相模湾が凪いでいる。

作業用モノレールもあるミカン畑の中の道を、くねくねと降りてゆく。

見返り地蔵の上で、見晴らしが良いと書かれた矢印にひかれて、相模湾を見下ろす作業小屋のテラスに登ってみた。

湯河原の町と、これから向かう鶴首の真鶴半島、その先に湘南へ続いている長い海岸線が明るい。大島の右に見える尖がり山は利島、さらに右の低い山は新島か。

下山道から手が届く枝にミカンがたわわに、「どうぞ」とぶら下がっているが、誰も手は伸ばさない。道から手が届く落果を一つ拾い、盗ってはいない、落ちていたのだと皮をむき、罪は分け合おうと軽口を言いながら皆で味見をした。甘い。

国道が見えた場所は、すでに県境の千歳川に掛かる橋の静岡側の橋詰だった。

登山道の途中で連絡して呼んだタクシーに分乗し、真鶴半島の貴船神社の前にある「磯料理・丸入」に向かった。

天地山に行ってきた

２０１４／01／26

大岳山から北側を見たとき、目前のすぐ下に尖がり山が見えた。木に覆われて小ぶりだが、なかなかのやんちゃ坊主の風貌。調べるとそれは『天地山』（９８１ｍ）と立派な名前を持っていて、地形図には登山道も載っている。

さらに調べると、最近は登る人が少なく、道がないとのこと。昭文社の地図にも道は載っていない。鋸山に（天地山）の括弧表記がある地図もある。また地図によっては、三角点のある１０４６ｍ地点に、天地山の表記が載っていたり、よく解らない。

天地山の正体を暴きに登りたいと、引き出しの中に仕舞って置いた。

今回、鋸尾根を絡めて計画した。いや計画なんかしていない、出たとこ勝負で向かった。仲間に声を掛ければよいのだが、仕事をしている身。衝動的に明日、山へ行こうということになる。だから単独行だ。

板橋在住では最も早い奥多摩駅7：46着、8：00に歩き始めた。青梅街道を越え、昭和橋を渡った右側が登山口だ。案内板があり『鋸山（天地山）』？…の表記がある。

園地を過ぎ見上げると１８８段の急階段がある。数えながら、休み休み登る。階段の先5分ほどで五重塔に着いた。一段上に愛宕神社もある。神社にお参りをし、階段を降りると駐車スペースのある登計峠に着く。愛宕神社の参拝はこちらが正面、鳥居も狛犬もある。峠の先で林道から右側尾根に登る。登山口から1時間20分で見晴らしの良い露岩（７３６ｍ）に着く。２体の天狗の石板が御前山を背後に立っている。六ツ石山が良く見える。

少し登ると今度は本仁田山が良く見える。大休場尾根、ゴンザス尾根、花折戸尾根の途中のススキ原も確認できる。

岩稜の昇降が続く。いま鋸の刃を通過している処か。全国に鋸山は多いが、甲斐駒に連なる鋸山が木こりの使う目の粗いノコギリなら、ここは建具屋さんが使う細目ノコぐらいか。

広い尾根の杉植林地を過ぎ、尾根が痩せてくると、広葉樹の中を進むことになる。左の樹の間に尖がり山が見えてくる。あれが天地山だ、そこに向かう斜面には雪がある。

天狗の石板から先には、見晴しの良い場所は少ない。左に大岳山、右に御前山をちらちら見ながら、冬枯れの道を進む。北斜面の階段交じりの道は、ところどころ凍っている。

１０４６ｍの三角点で腕時計の高度を合わせる。

すぐに、左に分岐がある、あとでここから左の道に進むのだ。天地山の方向には『行き止まり』と書かれている。やはり…。

右から登山道が合流して、ほどなく鋸山に到着した（10：45）。

山頂は木に囲まれていて見晴らしはない。ベンチが4脚ある。これから進む道では、ベンチなんかありそうにないから早めの昼食にしようと、いつもと同じく、おむすび2ケとミニカップラーメンを食べる。

鋸尾根を戻ると、すぐ登山者と会う。お互いびっくりしている。結局彼が、今日山で会った唯一の人間だった。

例の分岐（１０８０ｍ）にもどった。コンパスを見通せている天地山に合わせ、行き止まりの案内を無視して進む。

えっ、天地山からどんどん離れていく。

「行き止まり」の道標

おっといけない、いきなり間違えたと、50m登り返した。戻ると雪の上に左方向に進んでいる踏み跡があった。天地山が木に隠れ視界から消えたところで再度コンパスを見るべきだったな。山で道迷いが多い、その①『不明瞭な尾根の分岐』に、はまるところだった。雪上の踏み跡は、前日に通過したと思われる一人分だけだ。

天地山直下のコル（925m）に着く。ロープもある急峻な岩稜登りを楽しむ。

山頂（981m）にある案内板は3つに割れ、上と中を合わせた板が枝に結び付けられていた。下の板は見当たらない。上の板も1／3は欠けている。しかし正体見たり『天地山』。

ところで、天地山板をまとめ、馬酔木の

「天地山」山頂

枝に結わえている、この細い黄色いロープはなんだ？　簡易テント用か。自分の登山用具を犠牲に天地山プレートを守ってくれた誰か、ありがとう。

山頂は北方面のみ視界が開けていた。奥多摩の町が眼下に見える。本仁田山、六ツ石山の間は日原の谷、そして谷の突き当り最奥に見える天目山は、白くて肩幅が広い。


西側尾根の６７４ｍピークにコンパスを合わせる。

一気に下った後は、なだらかな尾根を北東に進む。小ピーク６７４ｍの先で、地形図の登山道は西に向かうのだが、そちらは藪の中、北の尾根へ向かう。

５５０ｍで右にテープがあり、その先に林道終点がある。だがまっすぐ進むと廻ってくる林道にぶつかるはずだと、藪の中に入って行く。思った通り道の上に出た。喜んで路肩の崩れた土の上に飛び降りたら、柔らかいと思っていた路肩の土の下が固く、滑って尻もちをついた。

左に向かう。違う、間違えた。道が登り続けるはずはない。廃道になり地図にも載っていない林道らしいと気が付き、尻もち地点に戻る。そのまま廃道を進めば、本来の林道終点に着くのだが意地だ、尻もち場からさらに左へ尾根の藪に進む。

ほうらあった、今度こそ林道（４７０ｍ）だと飛び降り、また尻もちをつく。学習しろよ。懲りない自分にあきれながら、林道を先に進むと金網の犬小屋があり、３匹囲われている。ずっと前から吠え続けていた声の主だ。

犬小屋を過ぎると道路も舗装になり、開けていきなり大きな道路に出た。海沢の谷の向かい側の尾根の腹部にトンネルの出口も見えている。地図には載っていない（工事中の奥多摩南岸道路で未開通）。

でも大丈夫、ほら、火の見やぐらが見えている。新しい道路を横断し、海沢林道に降り、火の見やぐら方面に進んだ。火の見やぐらのある消防ポンプ小屋の前から、白丸駅方面へ道が分かれていたのは、前に海沢の奥から降りてきた時に確認しているから。

多摩川右岸の遊歩道を歩き、白丸駅に向かう。余裕があるようならさらに奥多摩遊歩道で、鳩ノ巣駅に向かうことにして、崖上のアップダウンを繰り返す道を行く。

ここは数馬峡と言うらしい。左下はダムの堰止湖の白丸湖だ。

数馬橋の先から鳩ノ巣駅に向かう道は、崖崩れで通行止めの案内があり、数馬橋を渡る。橋上から白丸湖のカヤックやゴムボート訓練を眺めてから、国道を渡り、一段高いところにある無人駅に登り着いた。

白丸駅着13：50、ホームにも人はいない。今日は歩きはじめてから登山者1人と犬3匹にしか出合っていない。

上り電車まで21分ある。白丸駅にはビールを買うところがない。コーヒーを淹れ、残りのおむすびを食べる。

誰もいない、ズボンを脱ぎ、乾いている尻もちの泥をもみ落とした。線路を伝わる音に急いでズボンを上げ、コーヒーの入っているマグカップを片手に、青梅行の電車に乗り込んだ。何食わぬ顔をして。

笹尾根の東側に行ってきた

２０１４／02／01

中央本線の上野原駅に着く。駅前の狭いスペースで、大型バスを次々と縦列駐車させている富士急バス運転手たちの技量に見とれていると、バスの誘導員が地図を配っている。この先のバス停から登れる里山の案内図、おじさんが自分で歩いて作った手書き地図。楽しそうだから家に帰ってからゆっくり見よう。

出発点の棡原《ゆずりはら》中学校前のバス停で降りたのは、我々10名だけ。

登山道の案内矢印とかは見えないが、沢を詰めればよいのだから心配はない。30分ほど進むと、橋を渡った先で道が分かれ、沢も左右に分かれている。分岐は地形図には載っていないが、登山道は沢の右岸を登って行くのを確認し、右側の道へ進んだ。

杉の間伐材を搬出する作業道に、この先も何度か迷いそうになる。１時間ほど登ると、作業用林道は終わる。さらに、杉林のなかのつづら折れの登山道が続く。この辺の杉の木も上の方の枝が接している。都留林業組合の間伐作業は、引き続き先に伸びてゆくのだろう。作業道がまた斜面を削るのか。

東屋がある明るい浅間峠（８４０ｍ）に着いた。西側に樹齢１００年以上は経ている老杉があり、その後ろには石の祠も隠れている。

ここから上川乗バス停方面に向かう関東ふれあいの道、「歴史の道」が明るい雑木林の中に入って行く。とても雰囲気が良い道だ。

関東ふれあいの道「富士見の道」を陣馬山方面に進む。尾根を北側に巻く登山道は、霜柱で持ち上げられ、そのまま凍っていて、ボコボコにガチンガチンだ。小ピークを２つ越えると、栗坂峠の小さなプレートが木の枝にぶら下がっている。寂しそうな道を斜め左の雑木林に分け、尾根を進む。

次のピークには「栗坂の頭／８７１ｍ」と、立木の小枝に巻かれた幅20㎜の黄色いビニールテープにサインペンで書かれていた。森の中の隠し絵を探すクイズみたいな、とても小さなマーク、みんな見つけられたかな。

右側がヒバ、左側が雑木林の尾根道が、小ピークのアップダウンを繰り返しながら続く。今日は、陽だまりハイク、木漏れ日の道歩き、小春日和と、気分が良い言葉が連なる無風の笹尾根歩き。北側に木の間からは大岳山が見える。その奥に見える六ツ石山・鷹ノ巣山の西側斜面には石尾根の雪の回廊も見えている。

階段もある急登を登ると、熊倉山（９５５ｍ）に着く。

昭文社の地図を地面に拡げて、おむすびを頬張りながら、視界が開けている南側の山座同定をした。真正面は大室山、左に檜洞丸・蛭ケ岳の丹沢山塊、右奥に御正体山が頭をのぞかせている。今日は三つ峠の奥に富士山は見えない。富岳不見否天気良。


熊倉山からは右の山梨側もヒバから雑木に変わっている。

２つ目のピーク（９５０ｍ）には広くて、新しい鳥居と、石の祠の軍刀利《ぐんだり》神社元社があった。横の石盤に由来が書いてある。日本武尊が率いる兵士を整えた場所だとぉ、またずいぶんと古いなぁ、古事記・日本書紀の時代だぜぃ。

古の街道とかない時代、相模川や秋川の谷底ではなく、歩きやすい尾根を通った場合、ここは、今日歩いて来た痩せ尾根では、唯一大勢が集合できる広場だ。植生や人の営みが変わっても、記紀の古の時代からこの地形は変わらない。

そういえば、日本武尊が東征の帰り道、岩を鉾で突いたら湧き出した水で、兵の喉の渇きを潤したという、甘草水もこの近くにある。さらに時代が下って、北条やら武田の名前も出てくるパワースポットだ。


きれいな鳥がちらちらと木の枝を移動している。頭から羽まで青く、白い腹にだいだい

軍刀利神社

色も見える、ルリビタキかな。鳥が観察できるのは先頭を歩く役得。

三県の境界点、三国山（９６０ｍ）に着いた。メンバーの立つ位置は甲州・相州・武州に散らばっている。ここでは東側が開けている。地図をベンチに拡げ、山座同定の続きを楽しむ。

真正面は権現山、大菩薩峰から大菩薩峠へ降りる笹原が白く光っている、扇山の右奥の、姿が良いのは滝子山。ここでは丹沢山塊東側の丹沢山・大山も見えている。

三国山からの急な下り階段で滑って手をついてしまった。一番歩けないと自分の後ろを歩かせていた姪の優貴が、「みなさぁん、この先滑りますよー」だとぉ、クソッ！

少し血が出ている。とりあえず舐め、降りの底で、傷口にワセリンを塗った。

急峻の生藤山（９９０m）の登りで、「巻道を行こうよ」の声は無視する。自分の進みたい方へ行くのも先頭を歩く特権だ。

一旦下って茅丸《かやまる》（１０１９m）へ登り返し、さらに小ピーク２ツ越えた後に、連行峰（２０１６m）に着いた。地図では連行峰だが道標の柱には連行山と書いてあった。

今日のルートでは、この先にもう登りはない。神奈川側の右頬は日差しで温かく、東京側の左頬は少し風が吹いてきて冷たい。痩せ尾根を30分ほど歩き、和田バス停へ下る分岐に到着した。


いきなり急な雑木林の斜面をつづら折れながら降りる。

杉林の中に入ると傾斜が少しは緩むが、まだ等高線の目は詰まっている。小石交じりの登山道にムツ子姉が何度も足を取られている。少し疲れてきているのだろう。

傾斜が緩み、左側が竹林になると、右側に民家があった。家の前の斜面は茶畑、廻りにゆずが植えられている。そして民家の庭先にバイクが止められている。麓の集落からはずいぶんと離れている山奥の一軒屋、狭い登山道をバイクが足の生活に思い巡らす。

登山道の左の小祠に見事な竹細工のカブトムシとクワガタがいる。一軒家の主の手慰みだろうか。

民家から20分ほどで杉林を抜けると、明るい砂防ダムの横にでる。ここまでは麓から舗装道が伸びていた。

和田峠から降りてくる車道に突き当ったら（390m）右へ、和田集落を小川の沢井川沿いに降りてゆく。土蔵、斜面の茶畑、川縁には自然石の石積みもあり、なかなかの風情。川の淀みには魚影もある、ヤマメだろう。木の枝に引っ掛けて切れた釣り糸が何本か見える。ここは渓流釣りのポイント。

坂の途中にある酒屋は閉まっていた。残念、缶ビールが飲みたかったな。

バス停がある自然公園センターに着いた。センター内の壁に貼ってある〈陣馬山で見える鳥〉のポスターには、ルリビタキの写真が載っている。出発点の上野原は山梨県で富士急バスだったが、ここは神奈川県。神奈中バスでJR中央線本線の藤野駅に向かった。

駅前にある「レストラン風里」でビールを飲む……。

四阿屋山《あずまやさん》に行ってきた

2014／03／08

秩父は荒川上流の盆地だ。秋田の奥羽山脈の山際で育った俺にとって、都会を離れ、仕事を忘れて、山の中に身を置くのはとても気分が落ち着く。東京の近くでは、秩父の風土が、周囲の山の高さといい、生まれ育った故郷の雰囲気がする。

奥多摩は山懐が深いが故郷はそこまで山奥ではない。丹沢は植生とか痩せ尾根とか、乾いている感じがする。

秩父は湿りぐあいもちょうどよい。去年、義姉と姪を巻き込み、中津川渓谷の奥の秩父槍へ車で行った。秩父市街を抜けてほどなく、荒川上流の川霧の底に沈んでいる町を通過したとき、60年近く昔、小坂川の川霧の中を歩いた3㎞の通学路の湿り気を思い出した。そんなわけで、秩父の風土は性に合っている。池袋から一本で行けるのも良い。

ただし、秋北の田舎と違うのは、秩父の山は石灰岩の上にある。里山でも岩稜がどこそこに露呈している。今回の四阿屋山も福寿草で知られている里山だが、山頂は垂直な鎖場の上にある。

ここは3年前の3月12日に計画し、中止した山である。

東日本大震災の翌朝9時に携帯電話が鳴った、「誰もいないんだけど」と大坪さんからの連絡に何のことか判らなかった。「今秩父駅についたけど、俺、山の日にち間違えたかな」と、自分も含め皆、山のことなぞ吹っ飛んでいたよ。連絡がなくても当然中止だろうと、大坪さんの、のんき度に改めてびっくりした。

あの朝、最寄駅の田園都市線鷺沼駅から4路線乗り継いでも、時間通りに着いたことにさらに驚いた。そして定時で運行していたバスに乗って一人で福寿草を見てきたという、曰く付きの四阿屋山である。

今冬、秩父は2月8日と2月14日〜15日の2週に渡る大雪で、孤立集落の道の除雪が進まないとのニュースを気にしていた。駐車場まで行けることは前の週に確認できたが、節分草はまだ雪の中なので、今日の鑑賞は見送ることにする。

登山道は歩けると、観光案内で確認できていた。(歩けるだとっ!…)

なんと14名も参加とは、例会では経験したことのない、異常喜笑だ。

高麗川の谷を、川と綾を織りながら進む西武鉄道秩父線。正丸駅のホーム横を流れる高麗川は源流に近く、小さなせせらぎになっている。その先の正丸トンネルを抜けると、秩

両神山

父盆地に入る。
いきなり目にする秩父のシンボル武甲山の、石灰岩採掘の段丘模様（「口絵」）に圧倒される。秩父駅前からレンタカーで堂上駐車場へ向かう。１３００ccでノーマルタイヤの3台は、雪道を心配し、三峰口方面からではなく、少し遠回りだがR２９９経由で進む。
途中近道をと通過した「音楽寺」の高台から、秩父のもう一つのシンボル両神山が良く見えている。

堂上駐車場からダンプカーの往来が多い道を5分ほど歩くと登山口（３３５m）に着く。案内板に上級者コースと書いてあるが、問題はない。鎖場の手前の山居分岐で、一般コースに進むのだから。

杉林の中の残雪に、数日前に通過したと思われる一人の山靴の跡が続いている。

少し進むと、異常な森を目のあたりにした。たくさんの杉が、根こそぎ倒れている、根本からボッキリと折れている、幹が裂けている、大きな折れ枝が重なっている!!

登山道をふさいでいる杉を迂回したら、道が見つからない。大量に積もっている杉の葉で登山靴の踏み跡も見つからない。杉葉の下の雪には、鹿と思われる2本爪の足跡と、そして犬かな、獣の踏み跡が続く森の中、倒木を迂回しながら、斜面を登る。こんなはずでは…。

ただ左右の尾根の間の広い谷を詰め、右側の尾根に上がればよいのだからここでの道迷いの心配はない。登山道らしき石積みの上で小休憩。予想外のアルバイトに、原リーダーが皆の疲労度を確認している。

ほどなく、右上の平和で緩やかな尾根に登った。少し先で山居の分岐（590m）に着いた。休憩。

智広さんと氷室兄ぃは、直進し上級者コースを向かうという。12名で山居広場まで15分の一般コースへと、竹林の中に残っている登山靴の跡を進む。

直ぐに竹林を抜け、何も生えていない斜面の上にでた。靴跡は斜面を急降下している。

斜面の途中の木に赤いテープも見えている。赤テープを過ぎてもさらに靴跡は急降下している。おかしい、この急降下はありえない、それと、気になっている靴跡の下の幅40㎝の溝が谷底まで続いているのは、岩が滑り落ちて行った跡だろう。そんな急斜面に一般コースはありえない。向かい側に見えている岩場の下を廻りこんで、地形図に載っている沢の上部に向かうはずだ。

原リーダーと2人で向かいの杉林の中の登山道を探した。赤テープから少し下がった倒杉の間に登山道のロープが見つかった、皆を呼んだ。

急降下を谷底に進んでいった靴跡の主の、その後の苦労がとても気になるが、それよりも自分たちのことを心配しなくてはいけない。

左斜面を北に進む。倒杉が激しく越えてもまた倒杉が行く手を遮る。道をふさぐ杉の下側の枝を手で折り、足で蹴り、何とかくぐり抜ける隙間を作り、はたまた倒杉の上部に跨ぐ所を開け、道をふさぐ大枝を放りながら進む。沢の最上部(550m)で全員が揃うのを待ち、そこから西に向きを変えるが、さらに道普請は続く…。

15分の一般コースに、なんと1時間近くも掛って山居広場(530m)に到着した。楽しかったぁ…。昨年、御坂山塊の黒岳へ行った時は橋を普請したが、今回は道普請だ。どうも俺は山で土木工事する星の下にあるらしい。

福寿草園を見下ろす山居広場の芝の土手上で昼食にした。明るく暖かく、蝋梅やサンシュユ、そしてまんさくの花が目に美味しい。

昼は四阿屋山へ登って来た後で食べる予定だったが、ここまで予想以上に時間が掛かってしまい、予定変更だ。誰かが上級者コースへ進んだ2名の昼食を気にしたが「そんなこたぁ知らん」とリーダーがばっさり。そうだ、最初に予定変更したのは彼らベテラン2人組、自分達で判断するだろう。

パァンパァンパァンと運動会の花火のように乾いた音で、発破の3連発が繰り返して聞こえている。石灰岩を採掘する発破音は、秩父盆地のバックグラウンドサウンドだ。

山頂に向かう男坂コースの階段道にも3本の倒杉。こんな障害物なんか1時間前の

両神神社

悪戦苦闘に比べたら、へのかっぱ。しかし階段が急で、長いのはきつい。

ところが年2回しか参加していない、松ちゃんが元気だぞ、いつの間にか先頭を歩いているよ。松ちゃんは「尺八・琴古《きんこ》流」の師範、一回り以上年下の「お琴」の奏者と再婚してから、毎日15kgを背負って羽村の山を歩いているという。

杉林の中の雪道を進むと、両神神社奥社手前で上級コースを進んだ2名と再会した。まだ昼を食べていないとのこと、なんとまあ律儀なこと。鎖場の降りではアイゼンが必要との報告に、奥社（690m）横のベンチで皆アイゼンを装着する。ほどなく鎖場に着く。ここでは自分はしんがりを行く。前を歩いているのは永井翁、13年後の俺もそのくらい元気でいたいです。


狭い山頂（771m）は、12人で乗ると身動きが取れない、集合写真を撮るスペースはない。四阿屋山と書いてある山頂ポールのてっぺんに、小さな雪だるまが座っている。お腹を空かせて待ちくたびれた氷室兄ぃの作品に違いない。丸顔に小枝の先を貼り付けた目が少し垂れ気味で、作者によく似ている。

両神山の小峰まできっちりと確認できるこのピークは、秩父盆地を取り巻く山々の絶好の展望台でもある。長野県境の双子山も、武甲山の左に見える双子山も、双子の形で見える。大持山、子持山、大霧山、宝登山…。

パァンパァンパァンパァンと乾いた発破音が、さらに高く鳴り続いている。


山居広場で、またまた待ちくたびれていた2名と合流した。

今日は天気が良い。福寿草の写真タイムをゆったりと取る。橙色の福寿草も見つけた。

押留《おしとめ》コースで車道に降りる。とにかくダンプが多い、この先で何を建設しているのだろう。

スタート地点の登山口を通過するとき、案内板の上級者コースの文字を、記載者が本来伝えたいこととは違う意味で合点し、駐車場にたどり着いた。


駅前でレンタカーを返し、西武秩父駅の仲見世通りにある蕎麦屋で反省会をした。

故郷の雪の中で鍛えられている秋田杉と違い、秩父の杉はずいぶんと軟杉だった。2月14日、秩父盆地の空には森の泣き叫ぶ音が響き渡っていたのだろう。

今日は岩場の上級者コースより、大雪が作ったフィールドアスレチックを通過した一般コースの方が大変だったなぁ。

要害山に行ってきた

２０１４／04／13

春の里山を歩きたいと、２月に笹尾根へ行ったとき、上野原のバス停で富士急バスの誘導員が配っていたあの手製の地図の山へ行ってきた。

甲府の近くにも山梨百名山の要害山があるが、今日は上野原の要害山に登る。

上野原駅からのバス時刻表は調べてないが、笹尾根に行った時、いろんな路線が一斉に出発した8：28を目標に家を出た。早めに着いたら、8：00に飯尾行のバスが出発するところだった。臨時バスが出るからそっちに並んでと誘導員の指示で、列の最後部に並んだ。周りの会話では、ほとんど坪山に行くらしい。そうか、イワウチワやヒカゲツツジが咲いているんだ。臨時バスも出るくらいみんなが同じ時期に、同じ山へ行く。

鏡渡橋に停まりますねと再確認し臨時バスに乗り込む。上野原から20分ほどの鏡渡橋バス停で、皆のけげんな視線を背中に感じながら満員のバスから降りたのは、俺だけ。予想はしていたけどね。

おっぱい山

バス停から正面に見えている要害山に進む途中、畑にいたおじいさんが先に動いて立ち止まって待って居てくれた。背中の籠に美味しそうなホウレンソウが入っている。

「あそこへ行くのか」と正面の丸い山を指差す。「はい、あのおっぱい山行きます」、「面白いことというな、おむすび山とかは聞いたことはあるが、おっぱい山は初めてだ。そういえば、頂上の杉の木がそんな感じだな」と。「乳首がちょっと尖がって固そうです」好爺は苦笑しながら、「このへんのみんなで毎年登って、草刈りしているよ」と俺の怪しくなりそうな会話を流した。

「イノシシが出てとんよ、昨日も鉄砲撃ちがたくさん登っていった、昼はいないから心配しなくていいけど」と、さらに、どこから来たとか、家を何時に出たとか聞く。「高い山も良いけど、里山が大好きです、そろそろわらびが取れるころじゃないですか」と俺もさりげなく情報収集する。「この辺はまだ早い、連休明けだな」。そうかわらびはまだ早いか。

小倉集落を進むとフォークのような3分岐に着く（「口絵」）。3方向とも直進で、右が山の神、左が大倉集落へ、真ん中が要害山への登山道だが垂直角度が違う。右が石段、中が緩やかな坂道、左が平らな里道。とりあえず石段を上り山の神にお参りする。

山里の小さな神社でもいわれがあるし、戦いや悲劇のエピソードがあり、よそ者には判らない地域の想いがある。しかし、なんかわからなくても手を合わせ、願い事など唱えなくても、いつものしぐさをすると安心する。

要害山に向かう。意外と急登だ。ここは戦国・武田の最北の大倉砦で、烽火台でもある。

俺は今、今川の雑兵になって這いつくばって登っている。

「やばい！」もとい「拙い！　何やら上の方が騒がしい、烽火が上がった、見つかったか、早鐘も鳴らされた。全員突撃ー！」

秋葉大権現

そんな戦国を妄想しながら登る。

望郷鐘の物語。

あるとき今川方が勝利したとき、かねて目を付けていた大倉の鐘を勝利品に持ち帰った。持ち帰って突いたら、「ゴーン、ゴーン、オオクラ、オオクラ」と鳴く。融かして鋳直しても、「ゴーン、ゴーン、オオクラ、オオクラ」と鳴く。困って寺の池に沈めたという。ここは望郷鐘の故郷だ。

頂上の桜が見えてきたら、大きい石が2ケ、遺構の一部なのだろう、土塁の跡を廻り込んで要害山（536m）に着いた。二

大倉峠

本杉の下にお社がある。格子戸を開けると、「秋葉大権現」とあり。中に古い奉納木簡が、「戦乱に面影残す要害山　跡に残せる秋葉の中に」…。

　南西に、真っ白な富士山が春霞の奥にボーと見えている。

　二の郭、三の郭と土塁を観察しながら尾根を北西に進むと、5分ほどで、右へ登下（トッケ）、左へ大倉の道標がある十字路に着く。石灯篭があるこの大倉峠は直進する。

峠は静かだけれど、たくさんの年月
と人たちの想いを包む。
踏んで越えていった人々の汗が、戦
乱に流された血がしみ込んでいる。
その地面を踏んで、一人で歩く。

５７０ｍ峰を越え、祠のある５４０ｍ峰で北に向きを変える。ここでは迷った情報が多いが、直近につけたと思われる案内板があり、さらに急坂にはトラロープまで張ってある。この先も新しい赤テープが有り、地形図に道路は載っていないが、迷う心配はない。急坂を下ると、さびた波ブリキ板で囲まれた祠があった。先に進むとすぐにまた同じような祠がある。

また妄想、この祠が戦国の戦で亡くなった者たちの慰霊のためだとしたらすごいな。どれも石祠じゃなく木製なので雨露から守るためにブリキで囲ってある。何十年おきかに作り続けなければいけない祠が、戦国時代から連綿と…古すぎて云われは曖昧になり、今は風の神とか犬神とかなんとか石の神と呼ばれている…そんなわけないか。

誰が守っているのかな、大倉、登下、墓村、小倉、どの集落のどんな想いか…、

里山歩きは、里の人々の森とのつながりを感じながら歩く。

コヤシロ山（６１０ｍ）に着く。山名の案内はないが幾つも祠を見てきたから、漢字は「小社山」だろう。八重山トレイルコースの矢印案内は東に向いている。

椎の木の丸太でベンチを作ってあるので、コーヒーとチョコレートの小休憩をする。それにしても、好爺とおっぱい談義してから誰にも会わない。

ここからは西に向かう。640mで道は右墓村、斜め左は十文字峠に分かれる。八重山トレイルコースの矢印案内板は、墓村方面から今進んで来た方を示している。左の十文字峠へ向かう。

沢の最上流（650m）で南に向きを変えるが、下のほうにまだ残雪がある。

沢を渡るところが崩れている、その土の上に足跡がない。俺はそんな変わり者か、上野原であんなに登山者がバスにあふれていたのに、このルートは何日も誰も歩いていない…。

炭焼き窯の跡がある。ここは樹齢30年ほどの檜の植林地の中、ここも昔は落葉樹林の気持ちが良い場所だったろうな。

明るい十文字峠（680m）に着いた。

新しい四方向の矢印案内があり、土手の石碑には「南芦垣、北大室山、東椚原、西和見」と刻まれている。来週登る権現山は昔、大室山と呼ばれていたらしい。北の大室山（権現山）方面へ二本杉山を目指す。

登山道にマウンテンバイクのタイヤの跡がある。そしてイノシシが土をほじくった跡が。

山頂から八重山トレイルコースの矢印案内板が左に向かっている。八重山トレイルコースは、一旦墓村に降りてから先ほどの640mの分岐に登り返すのか。

檜の植林の中の古い杉が、雷で幹が根元まで裂け内臓を曝け出している、そして木の上の方がない。それでも燃え残った上端から八方に枝を張出し、千手観音のように途中から直角に上に伸びている、総身に矢が刺さって踏ん張っている弁慶のように見える。二本杉の由来の一本に違いない。

今日の最高地点二本杉山は暗く展望もない、しかし腹が減ったから飯にしよう。

2mほどの丸太を抱えて唯一の陽だまりに運びベンチにした。

むすびを食べながらお湯を沸かしていると、「コンニチワー」と、マウンテンバイクだ。ライダーが不思議そうに振り返り下りてゆく。俺がここにいるのがそんなに不思議か。そんなに振り返ると危ないぞ、立ち木にぶつかる、その先急坂になるぞ。

ともあれバスを降りてから2人目の人間を見送る。

ここは3時間前なら権現山へ向かう登山者が通過している、また、2時間後はみんな権現山から用竹バス停に向かう、そんな場所だが、見晴らしもなく暗いここで腹をすかして昼飯を食っているのは一人、俺だけ。

十文字峠に戻り芦垣尾根を進む。

イノシシも俺（亥年）が歩く道が好きらしい。登山道をほじくり、ほじくり、そのパワーに感動し、そのしつこさにあきれながら芦垣尾根の西側斜面の山道を降りてゆく。

桃源郷に降り立った。

十文字峠から40分ほどで、横に能舞台もある稲荷神社の横に出た。

花の芦垣集落はとてもきれいです。花桃が、赤、白、八重、そして、山桜、ヤシオ躑躅、その他俺が知らない花で満たされている、春の日本の山里はこんなに美しい。

明るく墓地が見える丘（３４５ｍ）の、大きな一本桜が満開、この里を支配している。「どこ登ってきたの」と畑の中から声を掛けられた、人情もうれしい。さらに「ここ降りて行ったらバス停近いよ」と。「ありがとうございます」と指差す方に進んだ。

失敗、上野原駅まで４㎞ほど歩くつもりだったのに。教えられたバス停は上野原から逆方向だ。親切がうれしくて指差すままに進んだら駅まで５㎞になってしまった。


バスが来るまで1時間10分ある。５㎞の距離は俺の脚で1時間と少しだから、バスを待っている時間で着いてしまうわいと、やっぱり歩くことにした。

大倉下バス停の横にマウンテンバイクがある。バス停小屋の中に二本杉山で会ったライダーが身づくろいをしている。こんなところに居るとは、歩きながら彼のコースを考えた。若いの、ずいぶんと頑張ったな。

（八重山トレイルコース→二本杉山→墓村集落→６４０ｍ分岐→コヤシロ山→尾続山→尾

続集落でトレイルコースから離れ→登下集落→要害山→大倉集落→山道→大倉下バス停）

左手に要害山が見える。こっち方面から見ても、若くてはちきれそうだぞ。

旧甲州街道の鶴川宿を抜け、鶴川の土手の桜並木を橋の上から眺め、上野原の町に登る。高台にある上野原の街を西に進んでから、相模湖方向に降りたら、ＪＲ上野原駅北口に着いた。和見下バス停から１時間20分ほどの歩きだった。

２分後に高尾行の電車が来る。やばい！　缶ビールを買う場所がない。

権現山に行ってきた

２０１４／04／19

2月に笹尾根の東側を歩いた時、三国山の開けた西側の真正面の山が権現山だ。その左側に見えていた扇山がゆったりと女性的なら、権現はごつごつ男性的に見えていた。上野原リーダーがそれを眺めながら「今度あの山登ろう」と企画してくれた4月の定例登山。JR中央本線からも、高速中央道からも、この山は見えない。上野原を過ぎ大月の手前で右側に大きく扇を開いた形に見える扇山の陰に隠れている。しかし扇山よりさらに大きな山体で、百蔵山と合わせた北都留三山の盟主、山梨百名山の権現山である。

権現山を調べたら全国で92座あった。一番高い山は伊那の（１７４７m）、低いのは愛知県の（37m）で、今回登る大月／上野原の山（１３１２m）は2番目の標高である。権現岳も含むと八ヶ岳の（２７１５m）が一番だが、それでも3番目の権現である。

別名権現山と呼ばれている山も7座あるが、偏見はしていないが独断で無視した。

番外では、川越の近くにある権現山古墳群は、海抜（15m）の所に将軍家康（権現）が、鷹狩りのとき、古墳と知らずに腰掛けたという、腰掛け程度の高さの墳丘だ。

権現山は過去に、丹沢の箒沢の権現山（１１３９ｍ）と、同じく丹沢世附《よづく》の権現山（１０３９ｍ）に登ったことがある。

今日は11名、日にちを間違えて一週前に一人で登ってしまったメンバーがいる。

60歳も後半に入ったメンバーが多い。俺もやっている、他人事とは思えない。

ウワッ！　大月駅前の浅川行のバス停に大勢並んでいる。先週一人で登った氷室兄ぃのメール情報では、バスは３人だけ、山で会ったのは６人の静山トレッキングだったとのことなのに…。

40人乗りのバスに50人ほどの乗客で発車した。途中、ＪＲ猿橋駅前でさらに20人ほど待っている、騒山トレッキングになる。富士急バスの運転手が無線で連絡し、猿橋から臨時バスを出すことにするとのことだ。いつも思うが、富士急バスは対応が良い。

バスの中で今日のコースの地形図を配ったら、36名の〝東京ハイキングクラブ〟のリーダーも地図を配っている。盗み見たら、まずい…、俺のコースと図形が全く同じだぞ。

バスは、木々の種類ごとに、陽の当り具合ごとに色が違う萌黄の木々と、桜が溢れる山里の浅川沿いを登って行く。

ビバルディ作曲「四季」の第一楽章「春」：一章アレグロ「春がやってきた、小鳥は喜び囀りながら祝っている。小川のせせらぎ、風が優しく撫でる…」

と明るい喜びの季節。

乗合に溢れるザック山笑う　　亮

後続の臨時バスも到着し、終点の浅川バス停は70人ほどに溢れ騒々しい。皆少しでも早くと歩き出した。我々も急ごう、36名の後になったら大変だ、とってもせわしない。

林道を20分ほど歩くと山道になる。さらに30分で扇山から続く尾根上の浅川峠に着いた。今日は目の中に常に他の登山グループが入っている。この辺はようやく芽吹き始めて、見上げると、曇り空をバックに梢の先が星のように見える。雑木の中の藪の芽吹きが早い。夏は木の下で光が少ないが、大きな木の葉が茂る前にと、萌え急いでいるようだ。

９５６ｍ地点の手前で小休憩していたら、大群が登ってきた、あわてて「出発しまーす」。追い立てられるように山頂に向かう。

浅川峠から1時間10分で主尾根に着いた。今日は天気が良くない、富士山はおろか近くの山もまったく見えない。このあたりの木々はまだ冬枯れのままだ。分岐を右折、東に10分ほどで、すでに20名ほどの登山者で溢れている権現山（１３１２ｍ）の山頂に着いた。

大ムレ神社

権現山は昔、大室山と呼ばれていたという、先週の里山の静山トレッキングの要害山から進んだ十文字峠にあった古い石にも「北・大室山」と刻まれていた。

山頂から少し降りた東側の広いところで早めの昼にする。大群は頂上で引き返して先に進んでいったようだ。麻生山まで1時間、その辺で昼にするのだろう。

食後、5分ほど下ったところにある大ムレ神社を見に行く。急登を下った暗い針葉樹のなかに社殿はある。社殿前の20段ほどの石段は積石ではなく、急斜面の岩をきれいに削ってできている。社殿入口の横に「祭神・大和武尊王勢籠神社奥院」の木板が下げてある。

神社の由来には、75匹の神犬の文字が見

える、ここの里宮は狼信仰の神社らしい。さらに由来には、年2回の祭礼にはこの山奥で公認の賭場が開かれていたとの記載もある。有り金をすってしまった博徒の怨念でもないだろうが、ここは暗くてとても寒い。

みんながデポしたザックを、一人で守っている森ヒロが待つ山頂に早々に戻った。二本杉山・用竹方面に向かうグループが、次々と前を通り、東側へ降りて行く。今日、我々は西側へ向かい、杉平バス停に降りる。

食事と大ムレ神社見学等、1時間近くゆっくりしたあと、頂上を後にした。

霧で視界が20mほどしかなくなっている。本来なら気持ちの良い尾根歩き、左に富士、右に三頭山や笹尾根が見えているはずなのだが。

小ピークを越え、4度目のピーク（1252m）の先に2mほどの姿の良い立石があった。裏からみたら、40㎝ほどの金属製の精巧な仏像が建っている。背負った石と見事にマッチしている。立像はこの立石に合わせて作ったようなバランスだ。

権現山のコースマップを作るためにネットをいくつも見たが、この仏像どこにも載ってなかったな、とても得した気分がして手を合わせてから進む。

権現山頂から1時間で麻生山（1268m）に到着した。

霧は消えたが、相変わらず周りの山は見えない。麻生山の先の下りに白いヒカゲツツジがたくさん咲いている。

先で大勢の話し声が聞こえる。36名グループが岩場の下りで渋滞中だ。頂上で休み過ぎて、36名の後になってしまった。覗いたらロープを張り一人ひとり降ろしている。

原リーダーが、山頂から杉平バス停まで3時間ほどだから、待ち時間をどうしようかと心配していたが、あーあ、ここで時間をつぶすことになってしまった。これを恐れて急いでいたのだが、まいったね。

ようやく我々も降下を始める。後に3人のグループが待っている。我々は11人だから先にどうぞと譲ったが、急がないという。3人は我々の後でゆっくり降下している。

元気印の川端さんが肉離れを起こした。

尾根上の仏

エアーサロンパスをかけ、テープを巻き応急処置をする。後続の3人に先を勧めたが、ここで休むので気にしないでと我々の先に進もうとしない。岩場でのロープの張り方を話している。下見ですかと聞いたら、そうだという。我々の降り方を観察していたのだ。近いうち大勢で来るグループのリーダーたちが、仲間を降ろすためのロープの張り方、張る場所を検討するために、我々はシミュレーションをしていたらしい。

北峰（1250m）に到着した。天気もずいぶんと回復し、雁ケ腹摺山と滝子山が見える。

頂上のツガの木に大きな鏡が北向きに括り付けてある。なんなんだこの鏡は、誰が何のためにここに姿見を吊り下げたんだろう？　クモリのない鏡の向こうに、見慣れたムサイ顔の男が不思議そうに首をかしげている。開けた南側に富士山が見えるはずのこのピーク、富士山と一緒の写真を撮りたいのかな…ウーム、解らない。

少し先で左折し西側の鋸尾根方面に向かう。鋸のアップダウンが続く、肉離れの川端さんが心配で何度か振り返るが、大丈夫そうだ。

折れ線チャートのような岩尾根を2ケ所の巻道も利用しながら通過する。

1100mあたりからはゆるやかな広い尾根になる。落ち葉が厚い、直前に大群が通過したのに踏み跡が判らないほどだ。とても気持ちが良い雑木林のふわふわ登山道の廻りは、今まさに芽吹きの季節を迎えている。

７０６ｍ点からは倒木が多い。不本意ながら下見登山になってしまった氷室兄ぃから、通過に時間が掛かるかも知れないと情報があった、つづら折りの下り。リーダーがバス時間を気にしている。

姪の優貴がバテている。一向にピッチが上がって来ない。

途中の展望が利くところから、小姓集落を見下ろすと、橋を渡って国道までの登り返しもそれなりに時間が掛りそうだ。バスに間に合わないかもしれない…。

後続はリーダーに任せて、前田さんと二人でペースを上げた。富士急バスの運転手に頼み込んで発車を待ってもらおうと。葛野川に架かる橋を渡り、登り返す坂道で軽トラが追い越して行った。

大勢の登山客が並んでいるバス停には発車7分ほど前に着いた。他のメンバーも4分前に到着した、意外と早い。あれ？　優貴はどうした…。なんと前に並んでいるじゃないか。聞くと、軽トラに頼み込んで優貴を押し込んだとか。崎浜旦那のE難度の着地技、見事に決まったね。

バスが来た、50人乗りの大型バスだ。浅川登山口で運転手が団体のコースをリサーチし、帰りの時間に合わせバスを配車してくれている。富士急バスの団体技も見事に決まっている。

北峰の鏡

扇山〜百蔵山に行ってきた

２０１４／05／06

いつかやりたいと思っていた山行きの計画がある。高速道のバス停から直接登るのだ。今日は手始めに中央高速道の談合坂ＳＡから扇山へ登る。扇山へ登る場合、ＪＲ中央本線の鳥沢、猿橋、四方津から徒歩またはバスを利用するのだが、ＪR線の山側さらに高いところを中央高速道が通っている。談合坂サービスエリア内には高速道野田尻ＢＳがある。

渋滞を避けてＧＷの最終日の５月６日、７：00新宿発の甲府行き、前方通路側の席をネットで予約しておいた。新宿〜野田尻の料金は￥１１００、ＪR線での新宿〜鳥沢￥１３１７より安い。15分前に新宿高速バス乗り場に着く。発券機で予約した乗車券を印字して乗り込むと、７割ほどの乗車率だった。次回からは予約なしでも席はとれそうだ。

中央道を走るハイウェイバスは快調。競馬場の横を通ると条件反射でユーミンのメロディーが頭をよぎる。「中央フリーウェイ　右に見える競馬場　左はビール工場♪」そのフレーズしか知らないし、30年越しの鼻歌、ボサノバも演歌調になっている。

高尾山は見えているがその後方は雲の中だ、予報でも今日富士山は見えない。

野田尻ＢＳ着８：05、電車より断然早い。ＪＲなら新宿～鳥沢は乗換時間を含め１：40だ。バスから降りたのは当然俺だけ。にぎやかなサービスステーションの中を、ザックを背負って歩いているのも俺だけだ。ＳＡエリア内のＧＳ近くから外に出た。

十字路を右折し、高速道路の下を通り、すぐの寺の横を左折する。寺の竹林のタケノコが、ざっと20本は取りごろだぜ、ごくり。

しばらく高速道を見下ろす道を進んでから、右の畑の萩野集落へ向かう。

「どこへ登るの」こんにゃくを植え付けているおじさんが声を掛けてくれた。

「仁王像を見てから、扇山登ります」。「お気をつけて」。

最近俺が歩くといつも畑から声がかかる。

実は勘違いしていた、談合坂ＳＡから15分ほどの所に、扇山の登山口の安達野バス停があると思っていた。ところが談合坂ＳＡの混雑を解消するために、下りのＳＡが１．５㎞離れたところに分設、そして高速ＢＳは下りエリアにある。そこから登山口までは30分以上になる。それでも良いのだけれども、別のコースはないかと地図を眺めると、扇山から西に延びる尾根の先に神社がある。「山と高原地図」に道は載っていないが、地形図には点線がある。またヤブ漕ぎになるかも知れないが、神社の山門に、江戸時代の阿形、吽形

棚頭の仁王の山門

の仁王像があるというのでこのコースに決めた。

　畑から声が掛かったのも登山者を見かけない道だからだ。よしんば同じ仁王像からの尾根を登る場合でも、野田尻や不老下バス停から棚頭集落方向への、仲間川対岸の道を通る。談合坂ＳＡから歩く奴なんかいないのだ。


　人家がなくなってから10分ほど行くと、「棚頭《たながしら》の仁王の入口／これより３００ｍ上り」との案内板があった。幅１ｍのコンクリートの急坂を登ると山門の石段の下に着いた。

　山門の左右に、ごっつい赤い仁王像がある。前面の格子にガラスが貼られていて、反射で良く見えないが、横から見ると太い腕と盛り上がった肩が立派だ。

9：00、本殿の横に大きなモミの木がある。その木を回り込むように本殿の裏手に進み、踏み跡をたどると10分ほどで林道に出た。横切って直進の道がある。

いっこうに尾根に登ろうとしない道に、なんか違うなと思いながら進むと行き止まりになった。やっぱりと右側の斜面に取りつき、尾根の上に出た。予想通り道はない。

少し進むと、右下に登山道らしいのが北に進んでいるのが見えるが、地形図上の点線は尾根を外していないので、そのまま植林地の尾根を外さないように、ずるずると滑りながら、つかめるものは何でも頼りに、直登を続ける。

570mで傾斜が緩み、右からの登山道と合流する。先ほど右下に見えた道は、ここで尾根が分かれる左側の緩い尾根に進み、緩く登って来ていたのだ。

等高線の幅が広くなり、足元の「ヒトリシズカ」の群生を踏まないよう気を付けて歩く。780mで安達野バス停からの道に突当たり、右折する。さすがに皆が歩く道はルンルンだぜ。シカが直前を飛び超えた。びっくりさせて、びっくりさせられたよ。

荻野丸、犬目丸、犬目分岐と緩やかであまりアップダウンが少ない尾根上の道を進む。

鳥沢への分岐の所から傾斜が強くなる。霧が濃くなり、木も大きく登山道を覆う。雨だかしずくだか、とにかくポタポタくる。傘を差そうか、ポンチョにしようか迷いながら、取り合えずツバ付帽子をかぶり、最後の急登で、扇山（1138m）の山頂に飛び出た

（10：45）。

いっぱい人がいる、12人。さらに続々と登ってくる。広い山頂は、たちまち20人を超える人でにぎやかだ。仁王2人と別れてからここまで誰にも出会わなかったのに。

霧雨も止んでいる。開かれた南西側の、見えない富士山に向きあって早めの昼にした。

おやおや、俺が進んできた方向に何組か降りてゆく、俺の通過時間帯が早いので、誰にもすれ違わなかったらしい。

コーヒーを片手に広い山頂を見廻る。この辺は連休明けだ…と、要害山行ったときにおじいさんに聞いたぞ。ワクワク…トッタドー。扇山の山頂でわらびを14本ゲットした。

登山で植物を取ってはいけないという。しかし山頂のカヤトの中、見晴らしのために刈り払いされる宿命のわらび、食べてあげなければかわいそうだ。縄文の血をひく俺としてはほっとけない。幸せな気分で山頂を後に、百蔵《ももくら》山に向かう。

ぐんぐんと降下する。登り返しがいやだよと思っても容赦ない。５７０ｍまで降りる。

何組もの登りとすれ違う。先ほどまでの静山・寂山行とはずいぶん違う。女性の単独行も多い。

「頂上まで後どれくらいですか」、「俺が降りはじめてから35分だから、あと1時間ちょっとかな」と少し割増時間をプレゼントする。思ったより早く着いた方がうれしいだろう。「ありがとうございます、頑張ります」。この斜面にたくさん咲いているクサボケの赤い花が応援してくれるよ。

百蔵山《ももくら》も最後の登りは急だ。浄水場方面の分岐で傾斜が緩み、程なく扇山同様の広々とした百蔵山（１００３ｍ）に着いた（12：45）。

そこには若い子供づれの家族が2組、40代半ばの夫婦が1組、同年輩の単独行がいた。ところで、この小さな男ばかり４人の兄弟を、どうやってここまで引っ張り上げたのだ。一番上でも5歳くらい。えらいっ！　若い母さんがへたりこんでいるが、子どもへの目配りと、旦那への指示はしっ

扇山山頂

かりしている。ガンバ！

単独行が降りて行った。おむすびを一つと、またコーヒーを飲んでから猿橋に向かう。先行者とはずいぶん離れたし、40代半ばの2人は鍋にオリーブオイルを垂らし始めた。この時間登って来る人はいない。下山道中また誰にも会わないのだろう。

沢の横を通る、田舎ならこんな杉林には…と、「こごみ目」になったり「ぜんまい目」になったりしながら降りるが、何もない。日陰の「ホトトギス草」だけはたくさん咲いている。林を抜けお寺の横に出る。少し降りた土手に「こごみ」がいっぱい、だが全部開いている。「こごみ」を食べることを知らないんだ、もったいない。

車道をだらだらと降りてゆくと、百蔵山登山口バス停に着いた（13：30）。

ずいぶんと時間が早い。3奇矯の「猿橋」を見てゆくことにする。何度かバスの窓から見たことはあるが、実際に渡ったことはない。しかしそこまで車道歩きじゃ面白くない。

地形図で市営グランドの脇から「猿橋」の上の方に点線がある。林の中に道があるようだ、そこに迷ってみようと、市営グランドの上に向かった。

グランドの土手からいったん車道に出、工場向かいの路肩から杉林の中へ、さらに怪しい道に入ってゆく、進めなくなったら戻ればいいさ。

高速道路の車の音が大きくなってきた。中央高速道を見下ろす崖の上に出た。高速道の横の一般道に、階段を降り、カルパットで高速道をくぐりぬける。さらに坂道を降りると大きな墓地が見える。墓地を左に回り込み、小沢を渡り、小沢と学校の間の細い道を抜けたら、めでたく、「猿橋」の横に出た。

橋の上から見下ろす桂川は随分と高度感がある。橋を渡って右に階段を回り込んで下り、横から橋の構造を観察する。更に下りて、展望台で橋を見上げる、手前の木が紅葉すると更に絶景になるのだろう。

JR猿橋駅に向かう、やはり車道は歩きたくない。桂川の川原に点線、遊歩道がある。遊歩道を進み、郷土資料館の所で、ようやくあきらめて甲州街道に登った。途中のコンビニで缶ビールを買って、JR猿橋駅に着いた（15：10）。

高速BSからの山行はアクセスが良かった。そのうちにまたやるぞ。新宿や途中の高速道のBSから乗れる仲間がいれば良いな。

談合坂SAから不老山、笹子BSから滝子山、真木BSから高川山、西桂BSから杓子山…東名は、関越は、まだまだいっぱいありそうだ。

わらびの美味しい食べ方。

アクの抜き方。

普通は重曹を使うみたいだけど。俺のやり方。

わらびの根元は切り落し、切り口に灰を付ける。

深めのバットにわらびを並べる、わらびは洗わなくても良い。

深めのバットがないときは蓋つきの発泡スチロールの箱を使う。

その上に灰を均等にまぶす、灰は園芸店やホームセンターで草木灰と言うのが入手できるが、俺は会社の別荘で薪ストーブを掃除したときの灰を大量にストックしてある。

まぶし方は、わらびの重量に対して灰がどのくらいなどの目途はない。全体に均等にといった塩梅だ。灰でのあく抜きは重曹と違い多少量が多くてもべたべたと溶けたりはしにくい。色は多少くすんだ色になるかもしれないが…。

裏ワザで、銅線を入れておくときれいな緑色になるが、味は変わらない。

お湯を均等にかける。わらびが全部隠れるまで入れる。

熱湯より80〜90℃くらいが良い色になる。わらびが浮かないように皿を載せる。

俺が30代前半のころまでは灰を使わなくても新聞紙で包んで熱湯を注ぐとアク抜きができたのだが、新聞用紙の製造法が変わったらしく、紙のアルカリ分が少ないのだろう、最近そのお手軽な方法ではアク抜きができない。

夕方6時ころ始めたとしたら、翌朝、アクと灰で黒くなっている水を捨て、きれいに洗い、冷水でさらせば昼には食べられる。さらし水は途中で1回は変えた方が良い。

晩酌まではそのまま水に入れておくこと。

歯触りにこだわるなら、お湯をかけてから3～4時間後に一本触ってみて、あまり柔らかくならないうちに、下に沈んでいる灰は残すよう、汚れた水を捨て、同じぐらいの水を入れるのが良い。

ただし、今日の扇山のワラビは14本、そんな面倒なことはしない。塩を入れ小麦粉を溶かしてから沸かしたお湯で煮れば、15分で食べることができる。ぐだぐだと書いてからこんな簡単な方法を後出ししました。デヘッ!

さて食べ方だ。

根元を切りすて、きれいに洗ってから、ザクザクと4センチくらいに切って、おかかを乗せ、醤油かだし汁で食べる。ただし、マヨネーズの方がわらびに絡んで俺は好きだ。

究めつきは、マヨネーズにワサビを醤油で溶いて混ぜた、ワサマヨ醤油で召し上がれ。

とろとろの食感と独特の苦味がたまらない。

14本のわらび

小鹿野アルプスに行ってきた

2014／05／10

また秩父にやってきた。3月の四阿屋山《あずまや》に続き秩父地方の岩稜を登る。
秩父には2つのアルプスがある。長瀞アルプスは、秩父鉄道野上駅から2〜300mの尾根を小さなアップダウンを繰り返し、最後は蝋梅で有名な宝登山（497m）まで歩くコースだ。落葉樹の中を歩く、気持ちの良い里山歩きのコースだ。ただ見晴らしの良いところが少なく、冠アルプスのネーミングは背伸びしすぎだろう。

多摩川は源流が甲斐で、関東平野に出て古《いにしえ》の〃むさ〃の国を「むさシモ（下）」と「むさガミ（上）」に分けて東京湾に流れ込む。したがって流域は甲斐・武蔵・相模ということになる。

それに対し、荒川は武蔵ノ国の最奥が源流で、江戸前の東京湾に流れこむまで武蔵を離れない。荒川に流れ込む支流も全て武蔵ノ国生まれだ。

甲武信ケ岳の海抜2200m付近の岩の隙間から最初の水が生まれる「荒川」は、秩父盆地では西端を北上する。その背後に続いている3〜400mほどの丘陵が「秩父長尾根丘陵」である。丘の上には秩父23番札所の音楽寺と、秩父ミューズパーク等の公園や、ゴルフ場が3ケ所ある。

この丘陵の小鹿野側に般若という地名がある。ここに秩父32番札所の般若山法性寺があり、その寺の裏山一帯が砂岩の岩稜が連なる般若山である。その般若山塊の南側の沢をまたいで、小ピークが東西に連なる岩稜があり、ピークに「一ノ峰」から「五ノ峰」の石塔が建てられている、この尾根は「釜ノ沢五峰」と名前がついている。更に南側の布沢をまたいで「兎岩」のある東西方向の尾根がある。この3つの尾根歩きが「小鹿野アルプス」である。岩稜の上を歩く低山ハイキングだが、個々の岩が個性的で、見晴らしが良く、ミニアルプスの雰囲気を満喫できた。

秩父は池袋からはアクセスが良く。大月や奥多摩へ行くより1時間遅く出発できる。

武甲山で採掘された石灰岩は、山を貫くトンネルの中のベルトコンベアー（23㎞）で、日高市のセメント工場に運ばれている。そのYルートと呼ばれるベルトコンベアーの直線が、地形図ではこの正丸峠で西武鉄道と交差している。トンネル内の待機所で特急通過待ちの停車中に耳を澄ませるが、コンベアの音などは聞こえない。

西武秩父駅9：00集合、今日は12人参加する。三峰口行の快速急行に、今日のメンバー10名が同乗している。9人乗りのジャンボタクシーと、5人乗りタクシーで兎岩登山口に向かう。

今日はこのコース3回目という智広さんが先頭を歩く。登山口から10分ほどで兎岩が見えてくる。しっぽの上あたりから肩まで、兎の背骨を歩くような一枚岩には、手すりの鎖が張ってある。鎖がなければ歩けない、高度感たっぷりの岩上から、ホウノ木の白い花をたくさん見下ろしながら通過する。

「賽の洞窟」の横を通る。堆積層の柔らかな層が水に溶け、固い層が庇状に残ってできた洞窟で、今日はこのようにしてできた洞窟を沢山目にする。

岩場の昇降を繰り返しながら登ってゆく。雑木林の登山道に珍しい小さなリンドウが2株咲いている、花の名前は花博士の澤ヒロがいればアナウンスしてくれるのだが、残念ながら今日は不参加だ。大坪さんが、踏まれないようにと枝で井桁の目印をつくっている。

最初の見晴台・竜神山（５３９ｍ）に到着した。西側の両神山方向は木に隠れているが、２７０度のパノラマを楽しむ。今日はどの岩稜でも武甲山は必ず見えている。

林中の中ノ沢分岐を左折して5分ほどで金精神社に着いた。名前から連想される御神体を格子の窓から探したが、連想した物は見つからない。代わりに木彫りの老人が五色の垂れ幕の陰に立っていた。神社の裏が文殊峠で、林道の横にトイレとログハウスが建っていた。神社の向かいに登り返すと東屋と私製の「天体観測所」がある。先ほどは見えなかった、両神山や二子山や3月に登った四阿屋山等、西側が遠くまで見渡せる。斜面にタラの芽がある。斜面の藪に入って採っても2ケだ、苦労の割には収穫が少ないと、かんべんしてやることにした。

中ノ沢分岐を直進し、左斜面の林の中にモミの巨木を横目に、570圏峰を二つ越えた先の580峰が本日の最高地点だが、暗い林の中なので通過する。

布沢峠を越えて10分ほど進むと、切り開かれた伐採地で見晴らしが良い565峰に着いた。三角点がコンクリートの蓋でしまわれている。この辺りの三角点は、コンクリート柱の上に半円の金属のプレートが埋められている。先ほどの竜神山に有った三角点もそうだった。記念に写真を撮ってから蓋を戻した。

ベンチ代わりに杉の木が並べてあるので昼食にした。

アッタゾー！　取り残されたタラの芽が、手が届かない上の方だけに残っている。採れるなら採ってみなと…かんべんならん。カップラーメンにお湯を注いだら、3分で採ってやる。素手や登山用手袋では触れないトゲがあるタラの木に、スリングを回し引っ張ると、前田さんと坪兄ぃが寄ってきて、手が届くようになった若芽を折ってくれた。

たちまち7本の天ぷらネタをゲットした。レジブクロにいれて、ムツ子義姉に渡した。

明日天ぷら食べに行くからお願いしま～す。

更に藪の中で5本収穫、これは川端さんのリュックの中に納まった。

すぐに五ノ峰の石塔があった。ピークではなく緩やかな登山道脇に、隠居爺さんみたいに座っている。

四ノ峰は小ピークの上にある。三ノ峰の下は鎖場になっていて、登るとこの尾根一番の絶景だ。兎岩が思ったより遠くにある、茂みに隠れている兎は頭としっぽは隠しているけど、背中が丸見えだよ。

二ノ峰も鎖場があり、やはり見晴らしが良い。

一ノ峰はピークではないが痩せた岩尾根の上に小さな石塔がふんぞり返っている。北側は切り立った崖になっていて、高度感たっぷりの場所だ。

二ノ峰

コースアウトした。踏み跡がなくなった。後で地形図を確認したら、登山道は右に分かれる尾根を進むのだが見過ごして、直進してしまったようだ。登山道は左の沢に降りるからと、左の折り口の方に気持ちが向いてしまったのかもしれない。

ルートを確認するために一人で先に降りる。女性陣は智広さんと原リーダーが面倒見てくれる。小さな子沢を越えた先に登山道が見つかった。沢まで降りても今日のメンバーなら通過できる。少し高く見通せるところから右だ・左へと、全員無事に登山道に戻ることができた。15分ほどのバリエーションルート歩きはとても楽しかった。

朽ちて落ちそうな木橋がある。落ちたら大変だから、体重の軽い順番になどと冗談か本気かわからない会話をしている。バンカー原がメンバーの軽重をチェックしている。

一人一人、恐る恐る渡り終えた。最後に渡ったのはもちろん〝H〟さん。

長若山荘の上の小広場に着いた。

奥ノ院に向かう。「雨乞い岩」の下りを左に分け、10分ほどで上の方に岩場が見えてくる。岩稜に登ると右側に「亀岩」が見える。亀さんは角度25度で空を見上げている。この岩には「亀ケ岳」と山名がある。地形図上の４０７m峰なのだろう、亀の眉間に三角点が埋められているのか？　北海道に引っ越した「亀さん」こと、亀田さんどうしているかな

亀岩

…。

鉄塔（№656）で右の沢に降りてゆく。大きな倒木が正面に現れる、今冬の大雪で絶叫を上げて絶命したのだ。登山道は、倒木の手前で下ってから左折し、尾根に登り返すと鉄塔（№655）に着く。水を飲んでから次の鉄塔に進む。分岐を右の送電線の下ではなく、西に直進し尾根を登ってゆく。ここは意図してバリエーションルートへ向かったとのこと。昼食を食べたタラの芽峰（565m）から派生する尾根上（470m）の踏み跡に合流した。

北東に尾根を下るが、急峻だぞ。原リーダーはルートを確認のためだろう、振り返らずどんどん降りてゆく。智広さんも続く、おいおい…。

ロープを出した。女性陣を一人一人、ロ

ープとスリングで降ろした。今日2回目のスリングは本来の目的で使用した。ムツ子義姉が、「大丈夫？　本当に大丈夫？」と。お義姉さん、俺がそんなに信用できないのか。鉄塔（№６５４）に到着した。

お花摘み休憩の間に、見晴らしの良い所で休もうと一人で先に進んでみた。道は右に降りるが、前方が見晴らしよさそうなので、そこで皆を待つことにする。

今日一番の絶景と高度感の、ラピュタの天空の岩の上に出た。

あれっ、岩の先端に数珠が載っている。さらに覗き込むと下に鉄の手すりと、鎖がある。この下にあの御方がいらっしゃるのに違いない。

降りて行くと、鎖場がある岩の下に着いた。岩に付けられたステップと鎖を頼りに、鉄の手すりをつかまって登ると、さっき俺が乗っていた岩の下に掘り込まれた洞に、等身大の「大日如来」様が、10ケほどの数珠を手に、お座りになっていらっしゃいました。「知らぬこととはいえ、御頭の上に立ってしまいました。お許しください」と手を合わせた。それにしても大日様は景色の良い所にいらっしゃいますね。ここが「奥の院」だ。

ザックをデポして、お船の岩稜をたどる（「口絵」）。２００ｍの露岩地の痩せ尾根が北東に突出し、その先端の船首に例えられる絶壁の上で「お船観音」が武甲山を見守っていた。

初夏を思わせる青空をバックに、観音様はとてもまぶしい。

大日と観音の中間ぐらいの所でお船岩から左に下ると、右側に岩場の側面にできた自然の岩窟に12体の赤さび色の石仏群が並んでいた。ここから降りてゆく階段は、一枚岩を削って付けられたものだ。ここは月光坂という。しっかりと丁寧な仕上がり、いい仕事していますね。左上にある竜虎岩・胎内観音の洞穴へ登る鎖が下がっている。さらに降り、大岩の間の狭い斜めの隙間の洞門を潜って抜ける。正面の階段の上の観音堂はりっぱで由緒を感じる。

本堂前の土産店の所で振り返り見上げると、先ほどのお船観音が小さく見える、まさしく船の舳先に立っている。山門の中の般若の面と、左右の阿吽の仁王像を覗いて、今日のアルプストレッキングの終点に到着した。

秩父の町を行くと、「秩父ジオパーク」の標語やらチラシを目にする。地球（ジオ）のことに親しむ公園（パーク）で、認証を受ける準備をしているらしい。海の底だった秩父の石灰石の鉱床、今日歩いたやはり海の底だった堆積砂岩層の奇岩群、長瀞の岩畳、タクシーから見えた人面岩の看板、秩父は面白い。

しかし反省会をする場所が…。

5／11のムッ子義姉の家の夕食メニュー
・シドケ……お浸し、醤油で。優しさ・曖昧さとは対極の濃い大地の味。
・ミズ………折ながらスジを取り、だし汁で軽く煮る。醤油「のノ字」で味を調える。
・コゴミ……お浸し、マヨネーズまたはマヨネーズに醤油を垂らして、大好き。
・ワラビ……塩と小麦粉でアク抜きし、4～5センチに切ってワサマヨ醤油を掛ける。
・タラノメ…天ぷら、塩で食す。カラッとした食感。大き目な葉は1枚ずつ揚げ、見た目にもきれいな仕上がり、食べるとほのかに甘みも感じる。
調理人の確かな腕に乾杯。
うんま～い。
（タラノメ以外は大山ハッピーロード商店街の山形物産店で仕入れた）

滝子山《たきごやま》に行ってきた

2014／05／24

高速道のBSから直接アタックの2回目に選んだコースは、中央道笹子BSから滝子山。この山へJRを利用して登る場合は、中央線笹子駅から甲州街道を30分歩いて高速道を越えて山に入ってゆくのだが、その交差地点に中央高速笹子BSがある。帰りもここから乗れば往復1時間短縮できる。寂ショウ尾根登山口まで10分で、「高速道滝子山登山口BS」と名前を付けたいくらいの最高のアクセスだぜ。

寂ショウ尾根ルートは地形図には載っていない、昭文社の登山地図では破線になってい る。帰りのバスも予約してあるし、迷いやすい尾根降りで、余分な時間はかけられない。降りはすみ沢の滝を見ながらの沢コースを通る周回コースにする。

滝子山は〝たきごやま〟と読む。しかし今日は〝たきこさん〟と呼ぶことにする。恋人に会いに行くような気分になる。「右に見える競馬場、左にビール工場…♪」。

中央道が渋滞している。俺の座席の前に男女の登山者が座っている。バスの右上に滝子山が見えたころもぞもぞ身支度を始めた。男性が停車ボタンに腕を伸ばそうとした直前、先にボタンを押した。「ピンポーン」指先が宙をさまよっている、驚かせてやったぜ。ちょうど30分遅れの9：00に笹子BSに着いた。

「滝子登るんですね」、「ええ、30分歩かなくても良いですからね」知っているんだ。前方に4人と1人、後ろに4人と2人登山者が歩いている。笹子駅8：28着の人たちだろう、渋滞で遅れていなければこの集団の30分先行していたのだが。先ほどの2名を加え、たきこさんは人気ものです。

9：10寂ショウ尾根への分岐（650m）を右折、9：20寂ショウ荘の廃屋の前で、先行4人が休憩していた。挨拶をして林のなかの山道へ入って行く。9：30送電鉄塔（800m）で女性が水を飲んでいた。俺が近づくと先に歩き出した。俺は一人で歩くといつもペースオーバーになる、今日は、彼女（仮称・滝子嬢）をペースメーカーに、つかず離れず歩くことにしよう。

9：33大鹿林道（850m）に出た、林道擁壁の隙間から、ロープのある急登をひと登りで尾根の上に出た。ここからの痩せ尾根は、下草がないコナラ林の中を行く。新緑の緑がきれいで、若葉が光を浴びている。30mほど前方を歩く滝子嬢の丸いお尻が元気だ、快調なペースだ、休もうとしない。サングラスの顔で後ろを振り返りながらの、ハイピッチだ。とんでもない高速ハイカーをペースメーカーにしてしまったらしい。しばらく急な登りが高度を稼いでくれる。ようやく滝子嬢が足を止め長袖を脱いでいる、俺も少し下の岩で腰掛けて水を飲む。廻りはコナラの林の中、レンゲツツジがたくさん咲いている。

10：43鎖場（1380m）は、狭い岩場にミツバツツジが枝を伸ばし、ピンクの花が顔にかかる。

ほどなく岩稜の下に着いた。丸いお尻がすぐ目の前にある。

おっと大事な仕事がある。リュックの中から缶ビールを入れてある保冷袋を出し、『叩けば冷える瞬間冷却剤』をげんこつでガツンガツンと叩き、冷たくなってきたのを確認し、保冷袋にいれてしっかり蓋をし、ザックに戻した。丸いお尻はもう見えない。

振り向くと富士山が良く見えているが、少し雲が出てきている。急ごう。

岩に取りつくと、思ったより短時間で小ピークにでた。

4人を追い抜いた。岩稜のピークは、コイワカガミの群落地だ。

木々の間から、春霞の空に南アルプスの残雪が〝へ・へ・へ〟と浮かんでいる。

痩せたコルからの登り返しで一人追い越した。岩の上から、さらに高見に頂上が二つ見える、奥の頂上が最高点だ。

山頂手前の登りで頭上から殺気を感じる、滝子嬢だ。頂稜の上から見下ろしている。し

南アルプスがへ・へ・へと…

つこく尻を追う曲者の正体を見極めようとサングラスを外している。サングラスを左手に、半そでの黒いインナー姿の若い肢体は、青空をバックに眩しい。なかなかの美形だ。

女一人でこの岩尾根をピストンとは、やはり只者ではない、かなりの歩き手だ。

視線があった、バチッバチッ。（フフッ、ほーら追いつけなかったでしょう）。（フム、お嬢はたしかに早かった。しかし、ニヤリ、俺は丸いお尻より、冷たいのど越しのビールが飲みたいアルコール道の求道者なのさ）。

狭い岩場、登りの俺を頂稜の端で待ってくれた滝子嬢に「ありがとう」とすれ違った。

11：35滝子山の山頂に着いた。滝子嬢のおかげで予定より1時間近くも早く着いた。山頂広場北側の「秀麗富岳十二景、四番山頂」の標識は１６１０ｍ、南側の「山梨百名山」とある山頂木柱には１６２０ｍ、どっちだ。

山頂には20人ほどいる。富士山８合目あたりに雲がかかっているが、バーンと見える。最近は富士山の展望台のような山にたくさん登っていたが、全然見えなかったから、春霞の奥に見える輪郭が少しゆるめの富士山でも大満足だ。

狭い山頂の一段下の蕾のレンゲツツジの間に場所を確保した。

ビールだ、ブハァー、これだよ、これ。滝子嬢との戦いの名誉を犠牲に得た、この冷たいのど越しは、今ここでは何物にも何事にも代えられない。

瞬間冷却剤はまだ冷たい、首筋の太い血管に当てる、とても気持ちが良い。

最後は、頭の上に乗せ帽子をかぶって、昼飯を続ける。

帰りのバス時間を考えたら急ぐことはない、ゆっくりしよう。

12：30腕時計の高度を１６１５ｍに合わせてから山頂を後にする。三つ目の頂上に向かい、三角点にタッチしてから鞍部に戻り、北面に降りて行くと、10分で静かな白縫神社に着いた。鳥居が折れかかっている、倒れるのは時間の問題だ。神社の傍らの鎮西池は小さな泉で、登山道から水が飲めるようにアルミの手杓が置いてある。

白縫神社

伊豆に流された鎮西八郎為朝の恋人の白縫姫がここに潜んだと、そんな馬鹿な、公家の御姫様こんな山の上には住めないぞ。日本の歴史上最強の弓武者は、些細なエピソードも、信じられないくらいにまで膨らまされるということかな。

すぐ先での分岐は、防火帯の広い明るい尾根方面に左折する。登山者がまだまだ登って来るが、この時間に歩いているのは甲斐大和あたりから一山越えて来たのだろう。

明るく広い草地の尾根でもそれなりに傾斜はある。対向者の息が荒い。

ルンルンと降りて行く防火帯は１４４６ｍピークに続いているが、登山道はそのピークの右側の林の中に、Ｓ字状に降りて行く。

沢の手前で山ガール3人とすれ違う、1人息が上がっている。ファイトー。

13：20沢に降り、木橋で右岸に渡る。進んでゆくと流れの中で川砂がキラキラ光っている。ンッ！ 砂金か。杉の木に「立ち入らないでください」の黄テープがある。やっぱ砂金か。しかしリュックを登山道に置いて川に降りるわけにはいかない、見つかったらまずい。後ろ髪をひかれて進むとすぐ登山者に出会った。見つからなくて良かった。

13：27造林作業小屋横を通過する。ネットで見た小屋は倒れていなかったが、目の前では潰れている、今冬の雪のせいだろう。左下の川砂がキラキラ、砂金目になってし

防火帯の道

まったぜ。

13：35難道の沢筋の道と、迂回路の分岐（１２５０ｍ）に着く。川の横に広場があるので休憩する。川底の砂がキラキラしている、マグカップですくう。流れの小さな落ち込みの水を入れ、小枝でかき混ぜ、汚れた上澄みやゴミを捨てる。カップをゆすり、軽い砂だけ流す手加減を試行錯誤しながら、マグカップの砂金選別もどきを楽しんでいると、８人グループが俺を見ながら、迂回路方面へ下山してゆく。揺らすのをやめれば、誰も怪しまない。大きめの粒が方形に見える。残念、砂金ではなくやっぱり黄鉄鉱だった。砂金の粒は結晶の形にはならない。しかしきれいな砂が取れたから〝たきこさん〟の記念に持って帰ることにして、20分のバス時間調整を終わりにした。

13：55沢筋の道を降りる。滝子山の名前の由来、滝が多い。ナメ滝が連続するすみ沢右岸の急こう配の登山道を降りてゆく。２か所の崩壊地点にはロープは張られていた。今日は午後から気温27度と予報、沢筋の道は涼しい。この周回コースを選択したのは良かった。迂回路と合流したすぐの沢際で、先ほどの８人グループが休憩していた。

14：13追い越してすぐの所に残雪があり、30本ほどの杉が倒れて道が崩壊されていた。

またか、俺は江戸幕府の小役人みたいに、秩父だ甲斐だと杉被害の調査に山に入っている。今は5月中旬、関東の1000m地点でまだ残雪とは、本当に今冬の雪はすごかったな。

後に続いてきた8人もあ然としているが。倒杉地の最上部の残雪の上を歩く俺を見つけて登ってきた。俺は今年こんな所ばっかり歩いているから付いておいで、てなもんだ。その先にも登山道の崩壊地が2か所あった。


すみ沢の渡河地点（907m）に着く。飛び石と、水が乗り越している丸太で、すみ沢の左岸に渡る。枯葉の斜面を登り、沢を高巻く左斜面の檜の植林地の中を進むと右に送電鉄塔がある。2つ目の送電鉄塔を越えたところで右に降り、大鹿沢の橋を渡り、登り返した道証《みちあかし》地蔵《じぞう》があるところで林道に出た。

林道を進むと、懐かしい香りがする。アカシアの花の甘い香は故郷の匂いだ。

北秋の小坂は、銅精錬の大煙突からの煙害ではげ山になり、山の緑を取り戻す試行錯誤の末、煙害に一番強かったのがアカシアということで、小坂の町にはアカシアしかない。お土産も「アカシア蜂蜜」。このアカシアは正式にはニセアカシアと不名誉な名前らしいが。おれはニセなんてつけないぞ。西田佐知子だって、「ニセアカシアーの雨～にうたれ」なんて歌っていない、文句があるなら方言だと思ってくれ。そのくらいアカシアには思い入れがある。

アカシアの花房は天ぷらがおいしい。何本ものアカシアの木が続く舗装道を、30分ほど歩いて、寂ショウ尾根の分岐を過ぎ、桜公園に着いた（15：15）。

ここから中央道笹子BSは5分、バス時間まで30分ある。

食べ残しのおむすびとコーヒーを飲んでいると、8人グループが会釈して通り過ぎて行く、倒杉越えの縁だ。

フッフッ、君たちが甲州街道をテクテク歩いている間に、俺の新宿行きのバスが来る。

フッフッ、俺は、君たちより2時間近く早く晩酌を始めているぜ。と優越感に浸りながら会釈を返して見送る。

ハイウェイバス登山、とてもクールだと思わないかい。

飯盛山《めしもりやま》に行ってきた

2014／05／31

なぜ山へ登るのかの問いに、「そこに山があるから」イギリスの登山家マロリーの言葉が有名だが、これは本人が言った意味と違う解釈で広がっているという。マロリーは、当時未踏峰のエベレストが存在するから、そこを目指すという意味で使った言葉だという。では人はなぜ山へ登るのか…。俺は知っている。

我々の遺伝子に組み込まれている、野を歩く楽しみ、未知の所に冒険に踏み出すわくわくする気持ちを思い出したから、野にそして山へ行くのだ。

人類は、十何種かの種がすべてアフリカで発生した。

そのうち2度、人類がアフリカを出た。最初がホモ・エレクトゥスで北京原人、ジャワ原人、明石原人のいわゆる原人である。そして最後がホモ・サピエンスの、出アフリカで、今地球上に人類はこの1種しか存在しない。

アフリカの黒人も、ヨーロッパの白人も、南米の原住民も、ミトコンドリアのDNAをたどると、アフリカの一人の女性にたどり着くという仮説がある。いわゆる「ミトコンドリア・イブ」の子孫だという。

アフリカを出たホモ・サピエンスは四方に広がって行く。

特にモンゴロイドがすごい。

厳寒のシベリアでは、体温の発散を防ぐために、身体はずんぐりし手足は短く、顔の凍傷を防ぐために鼻は低くなり、皮下脂肪が発達してまぶたは厚く一重に、寒冷地に適合した体を手に入れた。

暑い東南アジアでは、放熱のため手足が細く長く、紫外線から皮膚を守るためメラニン色素を増やして肌は黒くなる。

氷期で海水が下がりベーリング海峡がつながったわずかの期間に、マンモスを追ってアメリカに渡ったモンゴロイドは、乾燥した砂漠に住むため、世界一鼻が高い民族のインディアンになり、さらに南米の先端までたどり着いた。

大陸と陸続きだったインドネシアからは、丸木舟で太平洋の島々まで移り住んで行ったのである。

「グレートジャーニー」人類の偉大な旅だ。南極大陸を除く世界征服、すごいね。

食を求め、押し出され、新天地を求める拡散のドラマには、数十億の無名のヒーローがいた。さらにその29倍の偶然が、そして３００倍の死体が転がっているに違いない。

ただし断っておくが、数十億の根拠はまったくなく、いい加減だ。29倍、300倍はハインリッヒの法則の数値だが、そんなもの当てはまるとは思わない、ポエムだ。知らないことをコピペして知ったかぶりの、嘘つきと言われるより、聞きかじり、読みかじりから想像を膨らませての与太話を、ほら吹きと言われた方が名誉だ。

ホモ・サピエンスは世界征服のために、野山を歩き続ける宿命と、未知の場所への好奇心を「ミトコンドリア・イブ」から組み込まれている。

日の出に勇気を貰い、夕焼けに涙し、草木の芽生え色を綺麗に感じるのも、毒々しい色や、いやなニオイも教わったものではなく、人類の長い旅で受け継がれ、遺伝子に記録されてきたのだ。ホモ属・サピエンス種。種の記録が、今地球上にいるすべての人間に、命の記録として刻まれている。

山へ行く人はそれを体が思い出したのだ。団塊の世代も、山ガールも…。

先鋭的な登山家や、山男と称する人たちは、マロリーと同じくイライラしながら、そんなことではないと言うかもしれない。

はいはい、そうですね、俺は難しくて良く解らないのですよ。

しかし山を歩くのは俺の自由だ、そこに山があるから。

山男やマロリーが目指した場所とは違うけど。

「人はなぜ山へ行くの？」

それはね、**人は山を歩くのが楽しいように作られている**からだよ。思い出してごらん。

長野県野辺山にある飯盛山《めしもりやま》（１６４３ｍ）は、八ヶ岳はもちろん、甲斐、信州の名峰を眺める３６０度パノラマ展望の山。茶碗にご飯を盛ったような山容から名付けられた山の名前だ。

今日は現場の打上げを会社の別荘でという企画の一端、腹減らしにハイキングしてから別荘に入ることにした。宴会のみ参加のメンバーもいる、山に登るのは、設備のK所長とK君、電気屋のN氏、制御屋の俺と計４人。俺以外は普段山登りなどしていない。だから登り１時間のハイキングコースにした。山頂でカレーうどんを食べさせてやろう。

中央道談合坂ＳＡで待ち合わせ、事故渋滞で20分遅れたが、登山口の獅子岩駐車場に着いた（11：00）。すでに車が20台以上止まっている。

ここは平沢峠という。ドイツ人のお雇い学者ナウマンは、この峠から眺めた朝の景色で、日本海から太平洋に及ぶ大きな溝に思い至ったという、フォッサマグナ発想の地だ。

平沢峠

博士は日本にいた小型のマンモスの研究もして、ナウマンゾウの名前にもなっている。

K君には缶ビール4本、所長に500mLの水2本、N氏は水3リットルと、皆に荷物を配ってから出発。

駐車場から一段登ったところで振り返らせ、あの岩何に見えると、しし岩を紹介する。今歩いている登山道は大分水嶺、右に降った雨は釜無川から富士川になり、太平洋に流れ込む、左は千曲川から信濃川になり日本海に流れると、何時もここを歩くとき皆に話していることを教える。

ピンクの花の大きな塊に興奮している。あれはねミツバツツジだよ、ほら葉が3枚あるだろうと、そばにある枝で説明し、さも山歩きの経験者らしいふりして緩く登って行く。

N氏は俺より一つ下だが、今でも野球をやっている、普通に歩ける。本人は靴が不満らしい、今日のために秋葉原の登山用具売り場を廻って決めたデザインのトレッキングシューズを、ネットで注文したのに間に合わなかったとか。

大丈夫、以前このあたりは道がえぐられてずいぶん滑りやすかったが、今は丸太が敷かれ整備されている。

K君はまだ若い、学生の体力の在庫がある。ほら降りてくるのは幼稚園児だ。所長、そこで座り込むのはまだ早いよ、歩き出してまだ7分だぞ。

まっいいか、時間はたっぷりある、問題ない。

先頭を歩くと気持ち良いよと、前を歩かせた所長が、写真を撮りながら、騒ぎながらの気まぐれペースで進むと、分岐で「どっち行けば良いの」と立ち止まっている。直進は平沢山経由、右はその巻道、「巻かない、巻かない、まっすぐ登るの」。

分岐から10分ほどで平沢山（１６５４ｍ）に着いた。実はこっちの方が飯盛山より高いのだが、飯盛山の方が美男子だ。ここはその美男子をボーッと眺める場所。眺める飯盛山の山頂に、10人ほどの登山者が見えている（「口絵」）。

北側に見下ろした高原野菜畑のビニールに、航空写真で見えた白いのはこれだったのかと所長、今日のトレッキングの下調べとかしていたようだ。昨日会社の安全大会も、何時も部下や協力会社を引き連れて歩く人が、飲みなしでさっさと帰ったとのこと、ずいぶんと入れ込んでいる。

ゴロゴロと小石交じりの急坂で、スニーカーのK君が滑っている。

降り着いたコルで、この上の芝生でカレーうどん作っているから、頂上いって30分後に登り返しておいでと、3人と別れて俺は左の芝生の丘（1643m）に向かった。

クールだぜぃ。ここまではまったく問題ない。

若々しい緑の芝生に覆われている丘に到着した。

幅広い山頂への道を歩いている3人が良く見えている。

大分水嶺の山と思っていた飯盛山が、大分水嶺から外れているのに気が付いた、今俺が歩いてきた芝生の丘へのショートカットが、まさに大分水嶺の道だった。

飯盛山から登り返して来た5人グループは、横尾山の方へ進んで行った。ここからは横尾山、信州峠と大分水嶺を歩く道が続く。

今日は富士山が見えないけれど、八ヶ岳と甲斐駒から南アルプス方面は良く見えている、わがグループの3人は大眺望に満足して戻って来るだろう。

今日のカレーうどんの段取りは、2．5リットル鍋にたっぷりのお湯を沸かす。人参1／2と新ジャガ2ケを一口大に刻み、ブロッコリーも刻んで少し時間を遅らせてから放り込む。お湯が沸いたら、別の鍋に真空パックのカレールーを4人分入れて、お湯を1リッターほど注ぎ、そこに人参・ジャガイモ・ブロッコリーも移しておく。

主鍋にスティックダシ1本と少々の塩をいれ、生うどんを入れる。5分ほど煮たら食器に盛り分け、温まったカレールーを掛け、彩りに温野菜をポンポンとのせ、さらにオレンジピールもパラパラとふりかけて。

ファンタスチック。

ここで問題発生！　やっちまった、カレールーがない。車の中だ、夜の宴会のつまみの間で所在なさげにしている。

スティックダシ1本半に塩だけの素うどんになっちまった。

誰か火を見ていてくれる人がいれば、すぐそこのスキー場のゲレンデでわらびでも探してきたいのだが、離れるわけにいかない。足元のヨモギはトウが立っているしと、あたふたしているうちに、3人がお腹を空かせて来ちまったぜ。

美味しい美味しいと食べてくれている。みんな優しいね。

食べるとなるほど、お腹を空かせてれば、塩うどんも結構いける。

俺のアルコールフリーのビールも良く冷えている。

罪滅ぼしにと、とびっきりおいしいコーヒーを淹れることにした。

八ヶ岳は愛想が良い、いつものように大きな裾野を見せてくれている。

今度赤岳行くぜと所長、ほんとかいな。


帰りは巻道を進む。

草原の道、夏はニッコウキスゲやマツムシソウのお花畑になるけれど、今は何も咲いていない。右側に有刺鉄線がある巻道は、牛の放牧地の中を通っている。

牧柵の隙間から分水嶺の道に戻り、車が数台に減っている平沢峠に戻った。(14：00)

翌日、所長からのお礼メールには、赤岳にアタックしたい、その時は支援してほしいと書いてある。

あれあれ、所長53歳、種の記憶を思い出したのか…。

白神岳に行ってきた

2014／06／28

「おはよう！」

土手に腰かけていた中村夫妻を目にし、車のウインドウを開け、弾む声で挨拶をしながら、白神岳登山口駐車場にレンタカーを停めた。

脩太郎君と、昨年8月11日に白地山へ登る道中で約束した登山が実現する。

『毎年、6月最終週のJR東日本の「大人の休日クラブ」の会員割引4日間乗り放題割安チケット販売に合わせて、東北山行を行っている。来年は白神岳を予定しているが、その時は夫婦で一緒に参加する』、と一年越しの約束の朝だ。

今日は、不老不死温泉に宿泊した11名と、小坂から朝3時に出てきた中村夫妻と13名で世界遺産の山、白神岳に登る。

駐車場には我々以外に乗用車3台、ジャンボタクシー1台と25人乗りバスが停まっている。これくらいなら往復8時間、比較的静かな山歩きが楽しめそうだ。

「浄水《きよみ》さん、ここいらっしゃい」と神尾女史を自分の後を歩いてもらうために呼んだ。

普段まったく歩いていない書家を、４時間で歩行距離６．１㎞、標高差１０００ｍの山頂に連れていくことが、今日の歩行ペースになる。

駐車場を６：45に出発、立派なトイレの横を抜け、駐車場からさらに続く舗装道を10分ほど歩いた林道終点から、トンネルの入り口のように見える登山道に入ってゆく。「口絵」後ろの方で、「茎の赤いフキは食べないのですよ」と中村夫人の声が聞こえる、さっそくメンバーと打ち解けている。青森ヒバの林や赤松の林を抜け、林道終点から40分で二俣分岐だ、ここまではオンタイム、順調なペースだ。

左折し鯉山《まてやま》コースに向かう。左斜面を緩やかに東に登ってゆく。途中小さな水場が３ケ所ほどあった。青森ヒバの木を通過したところで、分岐から30分の『最後の水場』と表記がある水場に着いた。大休憩する。

白神の湧水だ、当然のように《お・い・し・い！》地下の岩盤を通過しない、ブナの木や腐葉土に蓄えられた水、硬度分が溶け込んでいないから、口当たりがやさしい極めつけの軟水なのだ。

今日は風がない、冷たい水で顔を洗うと、頭骸骨の核までガツンと気持ちが良い。

水場を過ぎると程なく登山道は北に折れ、急登をジグザグと登ってゆく。

このあたりから周りはブナの樹林帯になっている。

ブナの森を歩く

ミー、ミー、ミー、ミー、ミー、…森の中はセミの鳴き声で満たされている。蝉しぐれに紛れて、ホー、ホーとかチチ・チチチの鳥の声や、カエルの声、それから正体は解らないが動物の鳴き声と、たくさんの生き物の気配を感じながらブナ森を登り続ける。

つづら折れで最後尾を歩く脩太郎君と直接話せる場所で「シュータこのセミなんだー」と聞いた、「これは春ゼミ、気温が18度になったら鳴きだすと言われている」と返ってくる。

尾根に乗ったところがマテ山分岐（820m）、左にマテ山（841m）への踏み跡が分かれているが、眺望はないので寄り道はやめる。小休憩のあと、緩やかな尾根道を東に進む。

８５８ポイント辺りからのブナ街道は、根曲り竹も多くなっている。

「このきのこの名前を教えてもらってください」と木の根元に盛り上がっているきのこを指さし、後ろに申し送る。最後尾を歩く脩太郎君にきちんと申し送りができるかな、ちゃんと戻って来るかなと、伝言ゲーム。ほどなく「田原さーん、サワモタシ、この辺ではサボ何とかいうそうです」と戻ってきた。「うんサボダスだな」、「そうそう、それそれ」歩きながら、先頭から最後尾への往復伝言ゲーム、87点、まあまあ良くできました。

ブナの木

東北ではきのこは『〜モタシ』という。梅雨の時期にサボダシとは珍しい。ヒトカヤギ（一鍋）くらいのサモダシの塊だが、ここは世界遺産の山、残念ながら採るわけにはいかない。

後ろを歩く書家が少し疲れてきている、立ち止まる回数が多くなってきた。

休憩を入れ、アミノバイタルを渡して飲んでもらう。

歩きはじめると、ナナカマドが古色蒼然と立っている。枝と葉は見慣れた枝葉だが、直径40㎝の主幹は、黒くゴツゴツとしている。長い間日本海からの雪と闘い抜いてきた傷跡で、古武士の貫録だ。

ダケカンバが目立つようになってきた所を過ぎると、1100m辺りで森林限界に達し、眺望が開けてくる。振り返ると日本海が広がっている、昨夜泊まった不老不死温泉がある黄金崎の灯台と、風力発電の風車が、白く見えている。

頭上の頂上稜線の右奥に、山頂の三角屋根の建物が良く見える。

レッサンフィリリ、レッサンフィリリ
飛んでゆこうあの稜線《みね》越えて　レッサンフィリリ
レッサンフィリリ、レッサンフィリリ
飛んでゆこう白神岳へ　レッサンフィリリ　（ネパール民謡から）

最後の急登の登り始めで、書家が木の根に座り込んでしまった。先導をリーダーにバトンタッチして、少し休んでから行くからと、皆に先に進んでもらった。

ここでは、アミノバイタル入りのエネルギー補給用ゼリーを飲んでもらったら、「薬が効いてきたようだわ」とたちまち歩き始めた。うそみたい即効性があるのかな、いやいや30分前に飲んでもらったのが効いてきたのだろう。

歩くとすぐにキスゲが姿をあらわした。さらに、たくさんのニッコウキスゲが、青空に向かって一斉にラッパを吹いているように見えている。ルイ・アームストロングでも、ニニ・ロッソでもない、ビバルディ作曲2つのトランペットのための協奏曲ハ長調を、明るくにぎやかに、日本海の空に吹き上げている。

イブキトラノオや、ハクサンチドリも咲いている。

草や笹の根本、登山道の縁に、すねの高さにゴゼンタチバナの白い花が続いている。

お花畑の斜面を、ゆっくりゆっくり登ってゆくと、十二湖からの登山道との稜線分岐（1210m）に到達した。

白神山地の最高峰、向白神岳（1243m）とそれに連なる山々が見える。向白神岳の右奥の岩木山が良く見えている。分岐からは気持ちの良い稜線を右に進む。

この辺のヤブの中は、ウグイスの発声練習でにぎやかだ。

君たち夏までにもっと上手くならなければ子孫を残せないぞ。

「**ホーホーケッキョケキョ……ケキョ**」と登山道のすぐ横の藪から返事が返ってきた。

三角屋根のトイレ手前で20人とすれ違った、駐車場に停まっていた中型バスのグループ

白神岳山頂

だ。さらに進むと、ログハウス風の避難小屋の前にいた10人ほども、次々と降りてゆく。仲間が待っている山頂の手前で、ニッコウキスゲが口を開けて笑っていた、頑張ったねと書家の健闘を喜んでいる。

11：05一等三角点のある白神岳山頂（1232m）に到着した。

我々13人貸切り山頂で、不老不死温泉で包んでもらったおむすびを食べた。

梅雨の時期の白神岳の山行、天気を心配したが今日は遠くまでよく見えている。

小屋と山頂標識の奥には、人工物が何も見えない。見渡す限りにブナに覆われた白神の山脈《やまなみ》が、白神の空気が、白神の光が、幾重にもうねうねと続いている。

うっすらと八甲田連峰、右奥のモッコリ

は森吉山か、能代平野の奥は男鹿半島の寒風山、日本海の海岸線も見渡せている。そして、白く輝く日本海は広がりのかなたで、靄が雲に溶け空につながっている。

三角屋根トイレと、三角屋根避難小屋と、向白神岳をバックに、集合写真を撮った。カメラマンは小畠さん、最新兵器B5版ほどのタブレット型PCを使いこなしている。

11：45山頂を出発。登って来た道をピストンする。書家はすっかり復活している。最後の水場で大休憩するために、途中2回は立休憩にし、未練たっぷりとサボダシを横目に、ブナ街道を降りてゆく。

13：45水場に到着。みんな並んで、縄文の昔から湧き続けている水を飲んでいる。体の中をここの水で満たそうと、また飲みに行く。ありったけのペットボトルも満杯にしている。

二俣分岐で小休憩し、10分ほど進むと甘い匂いがする、周囲を見回すとやっぱり大きな桂の木があった。山を歩いていると桂の木は香りで解る、大きいほど、古いほど香が強く、紅葉の時期はさらに香が強い。梅雨のこの時期に香で桂の木が解るのは、さすが白神山地。世界一の森のセラピー効果に癒されながら降りて行く。

15：00中村君夫妻とハイタッチして、登山口駐車場に戻り着いた。

笠取山に行ってきた

2014／07／08

今日は2人で登山することになった。最近は10人前後で山仲間と歩くか、一人歩きだから珍しいパターンだ。しかも同行者は女性だぞ、どうするよ。

多摩川源流を見たくて、先月流れた定例企画の笠取山へ同行の誘いを、中央高速道上の深大寺BS、日野BS、石川PAでピックアップできるメンバー限定で声掛けをしたら、森ヒロと2人だけの登山になった。

同年のレディ森ヒロの名誉のため、今日は俺の年は秘密にする。

作場平駐車場へは、車載ナビに従ったら少し遠回りし、さらに迷った末に到着した。

笠取山は奥秩父の主脈縦走路上にある。雲取山から笠取山の近くの「小さな分水嶺」まで続く縦走路は、埼玉県と山梨県の国境で、多摩川と荒川の分水嶺と重なる。

山頂の南側は、多摩川の水源であり、南斜面の山林一帯は、東京都水道局の水源涵養林になっている。

8：50作場平駐車場（1310m）を出発した。まるで遊歩道のように整備されている登山道が、森の奥に続いている。左下の多摩川源流に続く一之瀬川本谷の渓流が美しい。流れが登山道の高さに近付いた所で木橋を渡る。右奥の藪の中から流れてくる多摩川源流の流れとは、ここで一旦分れる。ここからは、ヤブ沢の左岸を進む。緑の苔が輝いている。最初の分岐で、一休坂経由の道を右に分け、さらに先で、巡視道との十字路を直進する。

「気持ちが良い道ね、ここは高尾山より歩きやすいわ」と森ヒロがつぶやく。

2人で並んでも歩けるくらい広く、明るい登山は、木が敷き詰められたり、石畳だったりと、良く整備されている。せせらぎの音をBGMに、苔生した石の合間を流れるヤブ沢の横を、涼しく、緩やかに北西に登って行く。

沢から離れて最初のベンチで一本休憩を取る（1650m）。

10：10ヤブ沢峠（1690m）で一般の車は入れない斉木林道に出る。

右折した笠取山への道は、笛吹川との分水嶺の南斜面を、車が通れる幅で、緩やかに登っていく。道路脇の木には、図工の作品の巣箱が、分譲住宅さながらに、沢山取り付けられている。しかし、この低さでは小鳥は住んでくれないよ。

10：35笠取小屋に到着、明るい小屋前の広場には、大きな木のテーブルが3基ある。

小さな分水嶺

水場で昼食のカップラーメン用に水を汲んでから、りっぱなトイレの横を通って先に進む。雁峠への道を左に分ける奥秩父縦走路上の分岐で、正面に小さな丘が見えている。

10：50『小さな分水嶺』（1900m）に到着した。ここから山梨市側は笛吹川（富士川支流）、秩父側は荒川、甲州市側は多摩川へと分かれている。

これを示す三角柱の石柱があり、それぞれの面に相対する川の名が刻まれている。

傍らの『小さな分水嶺』の説明板に、「ほんの少し離れた位置に落ちたばかりに、雨水のゆくえは、東に西に、そして南へと、それぞれの表情をもった河川として流れ下ることになります」と書かれている。

笠取山頂

ここで初めて、姿のよい笠取山を目にすることができる。

もう一つ小さな丘を越えた鞍部で、右に水干への道を分け、いよいよ防火帯の中の登山道を急登する。山頂直下で森ヒロがリュックをおろして水を飲んでいる。おっといけない。「森さーん、山頂で冷たいの飲むから、もう水は飲まないで」、「はーい」。

11：20山梨百名山の笠取山（西峰）の山頂でリュックの中から、缶ビールをだした。

５００㎖の缶ビールが一本入る形状のクーラーは、今年の「父の日」の娘たちからの贈り物だ。キャップ部に保冷剤が入っていて、家を出てから6時間ほどになるが、まだまだ冷たい優れものだ。うれしくて取り出した弾みに地面に落としてしまった、泡が多いビールで「缶パーイ」、「わーい、冷たーい」。

北側の眼下が雁峠で、明るい笹原にベンチも見えている。その背後は古礼山。更に奥の甲武信ケ岳の南側斜面の3本の崩れたあとが、熊のひっかき傷のようで、痛々しい。

左奥の国師ケ岳方面が、時折雲の切れ目に姿をあらわす。

南側、大菩薩方面の山頂部は雲に隠れたままだ。


12：10山頂を出発。笠取山はピークが3つある。最奥（東峰）が、三角点（1953m）のある山頂で、山名柱はこちらの方が立派だ。しかし狭くて、シャクナゲ等の灌木に囲まれ、南側以外の見晴らしはない。

先月の定例企画が雨で中止にならなければ、シャクナゲの花の中を歩けたはずだった。暗いシャクナゲの茂みの間を尾根通しに辿り、怪しい分岐で右に下り、すぐにミズヒ尾根と別れて、スイッチバックするように、笠取山の南側斜面に回り込む道に進む。

ここからの道は再び明るく、よく整備されている。


12：40多摩川源頭の『水干』に着いた。

大岩の懐の小さな水溜りに、岩から、ポトリと雫が落ちる。苔から、ポトリ……。

その大岩の上に『水神社』の石板が乗っていて、傍らの木柱には「多摩川の源頭・東京

水干

湾まで１３８㎞」と書かれていた。この大岩は明治11年に発見されている。

最初の流れを見に、森ヒロをベンチに残し、水場道と矢印案内のある道を降りて行く。

岩の隙間から水がちょろちょろ流れ出ている。ついに『多摩川の源流』に到着した。最初に水が流れ出る岩の隙間を、写真に撮るために、俺が踏んでいる石は、多摩川に架かる最初の橋だぞ。

10ｍほど下ったところでは、流れはもう確かなせせらぎになって、ミズヒ沢を駆け下っている。ここから見上げると、水干の『水神社』の石板が見えている。

水干に戻ると、森ヒロはベンチに地図を広げて、奥秩父の山々へ想いを膨らませていた。

落葉松街道を、笠取小屋の方向に向かう。

「水源の山なので、ブナとか広葉樹があってもっと湿っぽいイメージだったわ、明るくて気持ち良いところね」と並んで歩く森ヒロが言う。

ここの森は材木を作るのが目的ではないからか、木々の間隔がとても広々としている。水源を護るため、明治時代から東京都が植樹してきたのだ。植えられてから70～80年もすると、さすがに自然林の風情になっている。


なんてこった！　若い鹿が、鹿ネットに角を絡めて暴れている。

離れた登山道を歩く俺達を見ただけであの暴れようだ。近づいて、カウボーイみたいに首をおさえて、なんて俺にはできない。

鹿の絶望感に胸が締め付けられ、会話が続かない。

笠取小屋に着いた（13：20）。小屋の横には、軽の白いジープが停まっている。

鹿のことを知らせたいが、入口に鍵がかかっていて、小屋には誰もいない。


一休坂ルートを下ると、すぐに気持ちの良い水場があった。登りにこのルートを取ったら、ここで、二休・三休したくなる場所だ。

一休坂コースは、思ったより急ではないが、明るいヤブ沢コースと違い、初めは暗い沢沿いを下ってゆく。道路脇の石垣や、木組みの擁壁や、沢の石が苔生していてきれいだ。14：25往路のヤブ沢コースに突き当たったベンチで、最後の休憩をとる。

4：40作場平駐車場に、戻り着いた。

ここからは、もう一つの多摩川の水の話に付き合ってもらいたい。

山梨県に降る雨が荒川を流れる話だ。

この源流域では分水嶺で、雨水は荒川に流れない。

パズルを解くために、多摩川の川下りをする。

ミズヒ沢は枝沢を合わせて、一之瀬川に、さらに丹波川と名前を変えて、青梅街道と並走して東に向かう。奥多摩湖に流れ込んで東京都に入る。

小河内ダムを落ちたところで、初めて多摩川と名乗り、深い谷を蛇行しながら東流を続けて青梅で関東平野に出る。

東南に向きを変え、秋川を合わせて八王子で東に少し角度をゆるめ、右岸の多摩丘陵、左岸の立川段丘の間を流れて、羽田空港に突き当たるように東京湾に出る。

荒川とは、南北から東京を挟み込むような位置で、東京湾に流れ込んでいる。

ここまでも、多摩川の水は荒川方面を見向きもしない。


深い谷を削った川は、平野に出ると、削った砂礫を運ぶ流速がなくなり、平野の出口で砂礫を掃き出し続けて扇状地をつくる。多摩川にも、青梅を扇頭にした扇状地がある。その末端は、川越の近くから、上野、田園調布や目黒で、東京湾の近くの大森貝塚辺りは青梅から50㎞もある。武蔵野台地とか、東京の山の手を含む広がりだ。

もしかして日本一の扇状地なのかもしれない。


多摩川が作った扇状地にもある分水嶺、そこに落ちた雨水のゆくえはどうなるのか。

ほんの少し南側に落ちた雨水は多摩川へ、そして、ほんの少し北側に落ちた雨水は荒川へ……。いいえ、そこに落ちた雨水は玉川上水を流れるのです。

玉川上水は、かつて江戸市中へ飲料水を供給していた上水で、羽村で多摩川から取水し、武蔵野台地を東流、四谷木戸の水番屋を経て、江戸の町へ分水されていた。

笹塚にある俺の会社のすぐ横も流れていて、第3号橋と書かれた欄干の横には、工事の経過等の説明板が立っている。

玉川上水は各所に分水しやすいように一番高いところ、分水嶺上に開削されている。

野火止用水は、その玉川上水から小平で分水し、新座の平林寺の前を通り、新河岸川に接続されている用水路である。新河岸川は朝霞で荒川に合流する。

ほーら、山梨県に降る雨が荒川に流れこんだぞ。

しかし、俺はこんなせせらぎのことを話したいわけじゃない。


扇状地は内部には砂礫層があるので、伏流水が流れる。

多摩川の伏流水は、海抜50ｍや70ｍで、再び湧き出している。

善福寺池（Ｈ47ｍ）や、妙正寺池（Ｈ44ｍ）の湧水を水源とする川は、井ノ頭池（Ｈ43ｍ）を源流とする神田川と合流し、両国で隅田川に合流する。

石神井池（Ｈ43ｍ）、三宝寺池（Ｈ47ｍ）、富士見池（Ｈ50ｍ）を水源とする石神井川は、小金井カントリークラブの中の湧水（Ｈ69ｍ）も合わせ、王子で隅田川に合流する。

隅田川こそ、秩父から流れてきた荒川の本流で、現在都内を流れる荒川は、墨田川の洪水対策のための人工の川、荒川放水路なのだ。

多摩川の伏流水が、隅田川に流れ込んでいる。

それでも荒川の名前にこだわるなら（こだわっているのは俺だけか）、この扇状地の北側で、武蔵野台地の海抜70ｍ付近から流れ始める黒目川は、落合川を合わせて、埼玉県の朝霞で、新河岸川と合流する。そして、すぐ下流で荒川本流に流れ込んでいる。

落合川は、東京都で最大規模の湧水群（Ｈ50ｍ〜Ｈ57ｍ）が作った清流で、竹林の泉（Ｈ50ｍ）、南沢湧水群（Ｈ50ｍ）の水も合わせ、一日50万トンもの水が、黒目川に合流している。

山梨県に降る雨が荒川を流れる。パズルの答え、合点してくれたかな。

6月、梅雨の合間の休日に、家族で東久留米の落合川に川遊びにいった。

住宅地の中を流れる奇跡の清流は、川底に水草も揺れていて、富士山の湧水が流れる柿田川を思わせる川相だ。カワセミも目にすることができた。

そこには、笠取山の森の中と同じ、清々しい風が流れている。

そして、南沢でゴボゴボ湧き上がる大量の清水の前に立った時、この水源は雨水などではない、青梅で川底に漏れた多摩川の水の出口を目にしているのだと確信した。

俺はくるぶしくらいの流れの中、柳の木の下に、アウトドアー用チェァアーを入れ、楽しそうに遊んでいる家族を目の端に捉えながら、足を流れに浸して缶ビールを飲んでいる。時折、孫が基地に戻るように、俺の膝の上に濡れた水着で乗ってきては、再び川遊びに出かけてゆく。

涼しい風が吹いてくる。

なんか、気持ちいいな……。

（民江が来ている、横でにこにことこといっしょに眺めている…）

あとがき

妻が亡くなって、次女家族と住んでいる。もともと口数は少ない。妻には、言わなくても分かってくれるだろうと、甘えて流してきたが、娘や婿にはそんな訳にいかない。

表題『…山に行ってきた』は、同居家族への報告書である。

そして「いつまでもぼーっとしているんじゃないわよ、元気に生きてよ」と、励ましの言葉を残して逝った、亡き妻への経過報告でもある。


元気に生きるために「亮さん」と呼んでもらっている。四姉妹もその婿たちも孫たちも、山の仲間も、カウンターの向こうのマスターも、みんな「亮さん」と呼んでくれる。

まだ口がまわらない孫も「ロウタン、アボボ（遊ぼう）」と来る。

最近は物忘れが激しい。ほんとにすごいんだから。山の仲間に、以前に登った山の話題を振られても、覚えていない。これではいけないと、文章にしたら少しは記憶に留まるだろうとの思いもある。


以前父の法要に焼香してくださったお礼を、父の俳句仲間に書いたとき、子供のころの思い出のエピソードを併記したことがある。

その文を読んだ娘が、お父さん自分史を書いたらと勧めたが、無理だ、そんな昔のことは。なぜか、小学校5年以前の記憶が殆どない。

この山紀行を書いてみて、記憶力がないのではなく、記憶の継続時間が短いのに気が付いた。山歩きしながらメモは取らないが、2～3日はしっかり覚えている。したがって、その間に文章の骨組みが書ければ、あとは晩酌をしながら肉付けしてゆけば良い。

そんなわけだから、泊まりがけの縦走登山では「山に行ってきた」は書けない。まだ仕事をしているし、晩酌もしなければならない、2～3日では時間オーバーになる。

以前、妻が勤めていた会社の同好会が始まりの、山歩きグループに紛れ込ませてもらっている。その「陽光山会」の月一回定例登山と、その合間に一人で歩く山歩きの紀行文で、ちょうど一年分の山行報告書になった。

そして、こんな俺と遊んでくれる、楽しい山仲間に、ありがとう。
そして、こんな拙い文章に彩を加えてくれた、松野友子義姉には、感謝感激。
そして、題字と作本のアドバイスをくれた、神尾紫楊さん、尊敬しています。
そして、俺の報告書を読んでくれている、家族に乾杯。

亮さん

著者プロフィール
田原 亮（たわら りょう）
昭和22年、秋田県生まれ
秋田県立小坂高等学校電気科卒業
東京都板橋区在住

カバー・本文さし絵／松野友子
題字：神尾紫楊

亮さんの 山に行ってきた

2015年 2 月15日　初版第 1 刷発行

著　者　田原 亮
発行者　瓜谷 綱延
発行所　株式会社文芸社
〒160-0022　東京都新宿区新宿1－10－1
電話　03-5369-3060（編集）
03-5369-2299（販売）

印刷所　株式会社フクイン

ISBN978-4-286-15914-0